U0143273

何晋 著

燕园
文物·古迹与历史
（便携版）

北京大学出版社
PEKING UNIVERSITY PRESS

图书在版编目（CIP）数据

燕园文物、古迹与历史：便携版 / 何晋著 . —北京：北京大学出版社，2020.9
（沙发图书馆）
ISBN 978-7-301-31576-7

Ⅰ.①燕… Ⅱ.①何… Ⅲ.①北京大学—概况②北京大学—文物—介绍
Ⅳ.①G649.281②K872.1

中国版本图书馆CIP数据核字（2020）第162952号

书　　　　名	燕园文物、古迹与历史（便携版） YANYUAN WENWU、GUJI YU LISHI（BIANXIE BAN）
著 作 责 任 者	何　晋　著
责 任 编 辑	赵　维
标 准 书 号	ISBN 978-7-301-31576-7
出 版 发 行	北京大学出版社
地　　　　址	北京市海淀区成府路205号　100871
网　　　　址	http://www.pup.cn　　　新浪微博：@北京大学出版社
电 子 信 箱	pkuwsz@126.com
电　　　　话	邮购部 010-62752015　发行部 010-62750672 编辑部 010-62707742
印　　刷　　者	天津裕同印刷有限公司
经　　销　　者	新华书店
	720毫米×1020毫米　48开本　5⅚印张　180千字
	2020年9月第1版　2024年7月第7次印刷
定　　　　价	68.00元

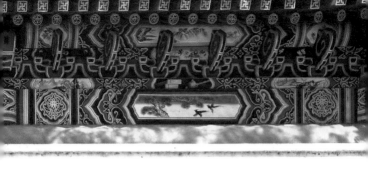

分类索引

▏序

　　在我刚进入北大还是一名新生时，有天一名高年级学长来我们宿舍交流经验，听他介绍北大校园时随口就说出勺园、朗润园、鸣鹤园等一个个园子的名称，我当时印象深刻，很是惊讶佩服。因为在很长一段时间内，我一直都不太清楚北大校园里到底有多少个园子，它们叫什么名字，都多大范围。那个学期期末去化学楼参加考试，同宿舍一位同学选择从南门出校去坐332路公共汽车，在西门下车后再进校去化学楼。那是1988年的秋天。

　　那时我有一辆自行车，有空时就骑车去校园北部和旁边的圆明园闲逛，荒芜的园林、破旧的院子和北方的蓝天很让我着迷。后来圆明园不再让骑自行车进入，我也慢慢习惯了校园生活环境，骑车闲逛的时候就少了。再后来毕业留校工作，因为就住在旁边

的畅春园，有时也喜欢拍点照片，所以凡四季景色宜人之时，又常到校园里到处走走。慢慢我发现，自己在这里读书虽然近10年，但熟悉的仅仅是宿舍、教室和图书馆，其实对整个燕园所知并不全面和透彻。这里不仅仅是一块圣地，燕园的文物、古迹及相关历史，也常常让人震撼。这些文物、古迹的兴衰存亡，或历时古今，或关涉华夷，时空往往有超越一所大学者。一方草木中的断碑，一座不起眼的小桥，梁柱斑驳的亭楼，人迹罕至的墓冢，不要小瞧这些文物，睹之或令人驻足，闻之亦使人动容，它们都有自己的经历和背后的故事。

什么是"文物"，虽然还没有一个统一的权威定义，但大部分人都基本认同：文物是人类在历史发展过程中留下来的有价值的物质遗存。它的特点，第一是与人相关，第二是过去历史中遗留下来的，第三是有价值的。不知从何时开始，对校园内的这些文物、古迹，我开始慢慢搜集有关资料，拍摄照片，希望对它们有清楚的了解和认识。后来我又决定把这些整理出来，

便是本书的内容。

感谢数字时代的便利，我能方便地利用网络，例如查阅耶鲁大学图书馆的燕大文献资料和图片，了解燕大及燕园的历史；也能利用手机、数码相机随时拍摄影像，本书的照片除注明之外，均为我多年不断的积累，是从不同年代所拍的几千张照片中选出来的（每张照片后面都标注了拍摄年份），其中包含个别已丢失文物的照片。也要感谢那些已经出版的有关燕园历史、建筑、景观的各类书籍，它们是本书写作中有益的参考。最后要感谢北京大学出版社刘方老师，她慨然应允了此书的出版；感谢本书的责编赵维女士，她负责并承担了这本书的全部相关工作；感谢姚佳琪和陈琳琳女士，她们分别绘制了此书封面小画和书中所有手绘地图。特别感谢李零老师为我的这本小书题写了书名。

中国改革开放这几十年里，大至城市，小至校园，都处于急速变化之中，北大校园也不例外——建墙拆墙再建墙，建楼拆楼再建楼。再放开眼光，对比近一百多年来中国社会的大变化，燕园

象牙塔内这些文物、古迹的变迁，也不能脱身于外。也许因为琐小，它们将来并不会在宏大叙事之列，但未必不关乎其大。

谨以此小书，献给北大建校 120 周年，并向燕大建校 99 周年致敬，顺带也为自己入校 30 年作一注脚。

何　晋

2018 年 1 月

本书初版万册，一年半即告售罄，谢谢广大校友、读者朋友的厚爱。这次再版，修订、增补了个别内容，更新替换了一些图片，希望没有让大家失望。

何　晋

2019 年 12 月

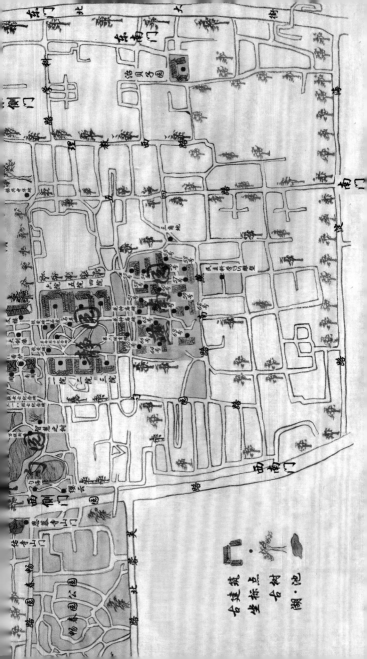

西郊园林中的燕园（2014 年）
（乳自未名 BBS 航拍图）

「世界上最美丽的校园」

（胡适）

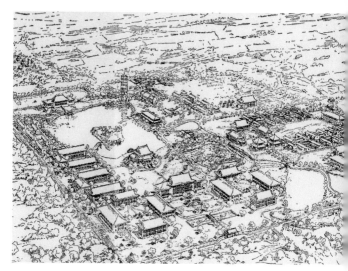

墨菲的燕园设计图（1926 年）（引自耶鲁大学图书馆网络档案）

北大校园
为何称"燕园"

　　北京大学（以下简称北大）现校园所在之地，被称为"燕园"，因为这里原来是燕京大学（以下简称燕大）的校园，1952年全国大学院系调整，北大从城内沙滩一带的旧址迁到西郊燕园，与燕大合并为一校，组建而成新北大。

　　北京大学创办于清末光绪*二十四年（1898）戊戌变法之际，初名"京师大学堂"，是中国近现代第一所国立综合性大学，创办之初也是国家最高教育行政机关，1912年改名北京大学，至今已建校120年。北大始终与国家、民族同呼吸、共命运，是五四运动的发源地，对中国近现代的思想、政治、文化等均产生了重要影响。北大旧校址在北京城内故宫东北角一带，其中一院（文学院）在今东城区"五四"大街（原名沙滩北街）的红楼之地；

鲁迅先生设计的
北大标志

北京大学校长蔡元培先生
（引自网络）

二院（理学院）在沙滩后街（旧称马神庙街）的和嘉公主府内；三院（法学院）在北河沿大街原译学馆舍；医学馆在原宣武区后孙公园胡同，是现在北大医学部的前身。

　　燕京大学是中国近代最著名的教会大学之一，成立于 1919 年，由当时北京的三所教会学校——汇文大学、华北协和大学（男校）、华北协和女子大学合并组建而成。合并组建新校之时，人们对新校名争议颇大，汇文大学英文名原为"Peking University（北京大学）"，虽然现在的北京大学当时称"国立北京大学"（英文为 Peking National University 或 Peking Government University），但二者名字显然已有冲突。最后成立了包括北大蔡元培、胡适在内的校名委员，同意了诚静怡的提议，最终定名为"燕京大学（Yenching University）"，后来北大校长蔡元培为燕大题写了校门匾名"燕京大学"。燕大的首任校长是司徒雷登（John Leighton

北大校长蔡元培题写的燕京大学校匾
（引自耶鲁大学图书馆网络档案）

燕京大学校长司徒雷登
（引自耶鲁大学图书馆
网络档案）

Stuart，1876—1962），他是来华的美国传教士之子，1876 年出生于杭州。他的母亲创办了杭州弘道女中，他的弟弟是之江大学校长。司徒雷登和他的父母、弟弟都葬在杭州。

　　司徒雷登于 1918 年 12 月受命，1919 年出任新组建的燕京大学校长。经过艰难的选址，司徒雷登最终将新校址选定在圆明园和清华大学旁边此处。1921—1926 年，燕京大学的校园及建筑，由毕业于耶鲁大学的美国建筑设计师亨利·墨菲（Henry Killam Murphy，1877—1954）设计建造，这些建筑的外形突出了中国建筑样式的特色，但内部均为现代化设置，司徒雷登认为这象征着中华文明和现代知识的结合："从一开始，我们就决定按中国的建筑形式来建造校舍，所有建筑物的外观都设计了优美的飞檐和华丽的彩色图案，而主体则采用钢筋水泥结构，并配以现代化的照明和水暖设施。这样，校舍本身就象征着我们的办学目的，也就

从博雅塔鸟瞰颐和园佛香阁和远处的玉泉山塔
（引自耶鲁大学图书馆网络档案）

是要保存中国最优秀的文化遗产。"（司徒雷登《在华五十年》）

　　1926 年 6 月，燕大开始迁入初建完成的新校园，此后校园陆续有建设，直到 1929 年。1929 年 10 月 1 日，燕大在燕园举行了隆重的校舍落成典礼。墨菲曾为多所在华教会大学如清华大学、金陵女子大学设计过校园。燕园的规划与设计，是自然美与人工建造的结合，借景远山近水，使燕园成了"世界上最美丽的校园"。

　　燕大美丽而又独具特色的校园，与司徒雷登"使燕大彻底中国化"的办学理念有关。燕大的校训是"因真理，得自由，以服务"（Freedom Through Truth For Service），司徒雷登认为教育要根植于中国，是为了服务中国社会而培养人才。他说，一个传授高等文化的学校，应该让学生亲身体会自己祖国数千年文化的崇高、自豪和艺术的优美，追求保护古老的文化，使新一代成为致力于提高我们文化的人，这就是当初把燕园设计得如此之美的目的。

燕大虽然是一所教会大学，但校长司徒雷登作风开明，把"大学"及人才培养放在了更重要的位置，认为不能在学业上优待信教的学生，也不能在学业上给不信教的学生设置障碍，所以校内思想自由，有三十年代毕业的燕大校友回忆："校园里每逢周末，可以听见从小教堂传出信耶稣的师生美妙的歌声，同时在别处可以听见主张无神论的同学，悄悄但热烈地交谈学习马列主义的心得。在圆明园的废墟中，还有燕大同学拿着不知从哪里搞来的手枪，练习实弹射击。"（黎秀石《三十年代的燕京精神：思想自由》）燕大不仅校园美，在司徒雷登的主事下，广揽著名学者、一流人才来校任教，在不到 30 年的时间内，便成为与北大、清华齐名的中国名校，从这里走出了 50 多位两院院士，为中国培养出不少杰出人才。

燕大与北大合并后已过半个多世纪，虽然当初只有文科、理科等留下被并入北大，其他如工科、法学等被并入清华等别的学校，但燕大留在燕园的历史与气质并未消失，而与北大的传统和精神融为了一体，你中有我、我中有你，共同铸就了燕园的风貌。

燕大校园的选址和建造，以历史上清代西郊的著名园林淑春园为主体，此外还包括了鸣鹤园、燕南园、勺园、燕东园，并租借了清朝贝勒*载涛的朗润园。北大 1952 年迁入燕园后，又购入朗润园，此外又在燕南园东南、正南扩展了不少区域，修建了一教、二教、生物楼、文史楼、地质楼、化学楼及教工学生宿舍等，最终形成了今天北大校园的格局。如今，燕园已成为以上整个校园的通称。

小知识

◎ 清帝年号一览

每位清代皇帝在位期间只用一个年号，所以后来常用这位皇帝的年号来称呼他。

顺治（1643—1661）→康熙（1662—1722）→雍正（1723—1735）→乾隆（1736—1795）→嘉庆（1796—1820）→道光（1821—1850）→咸丰（1851—1861）→同治（1862—1874）→光绪（1875—1908）→宣统（1909—1911）

◎ 清代宗室爵位等级

清代宗室爵位一共有12级，从高到低依次是：1. 亲王，2. 郡王，3. 贝勒，4. 贝子，5. 镇国公，6. 辅国公，7. 不入八分镇国公，8. 不入八分辅国公，9. 奉国将军，10. 奉恩将军，11. 镇国将军，12. 辅国将军。

一般皇帝的儿子封亲王，亲王的儿子封郡王，郡王再往下封贝勒，贝勒的儿子是贝子，一代一代往下降。也有例外不降的，即"世袭罔替"，其爵位可以世世代代由继承人承袭而不降级，俗称"铁帽子王"。整个清代世袭罔替的一共有12个王，其中10个为亲王，2个为郡王。本书中提到的恭亲王奕䜣（xīn）、醇亲王奕譞（xuān）、庆亲王奕劻（kuāng），即属于这10个世袭罔替的亲王。

相业负林泉，
登临怅昔年。

（清代奕譞游淑春园诗）

① 乾隆诗碑

② 石供桌及五供

镜春路

外文楼

民主楼

石麒麟

德斋

才斋

镜斋

西门

石狮

校友桥

华表

西门入口处

丹陛石

蔡元培铜像

民主

办公楼

③ ① ②

石狮

华表

石麒麟

化学北楼

主路

颐和园路

档案馆

化学南楼

北阁

李大钊铜像

南阁

香炉

往静园方向

路

⑤ 西式平桥

知 ⑥

淑春园

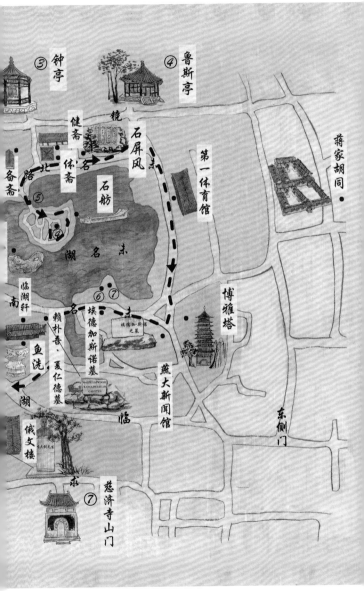

③ 钟亭

④ 鲁斯亭

蒋家胡同

健斋

镜春园

体斋

北路

石屏风

第一体育馆

备斋

⑤

石舫

湖名未

临湖轩

南名路

赖朴吾、夏仁德墓

⑥ ⑦

埃德加·斯诺墓

埃德加·斯诺
之墓

博雅塔

鱼洗

湖

RALPH·LAPWOOD
GANG·LANSDAILER

临

燕大新闻馆

俄文楼

⑦ 慈济寺山门

东侧门

初春图未名湖（2017 年）

从燕园可远望玉泉山塔
（2017 年）

　　原燕大校园最重要的主体部分，是从西校门直到未名湖这一大片区域，整个校园的东西主轴线由此贯穿。这一片区域是历史上的淑春园，也叫"十笏园"。

　　淑春园（亦作舒春园），是清朝"三山五园"中圆明园的附属园林，其中一小部分亦属于明朝米万钟的勺园之内。因为它紧邻圆明园，常到圆明园听政的乾隆皇帝（1711—1799），便将之赐给宠臣和珅（1750—1799）。和珅在此大肆营造，使淑春园成了京西名园。

　　和珅倒台后，淑春园的西部归和珅之子丰绅殷德所有，他娶了乾隆最宠爱的小女儿十公主；东部被赐予嘉庆帝之弟成亲王永瑆，其府邸称"成府"，现未名湖东部、东北部的经济学院、校医

淑春园（2017 年）

燕园航拍图（1945年）（引自网络）

院及博雅酒店一带被称为"成府园"，北大东门正对的一条路也叫"成府路"，大概即来源于此。

　　道光年间，淑春园的西部被赐给睿亲王仁寿，所以这一部分又称"睿王园"，"睿"字满语为"墨尔根"，故此园后来又称"墨尔根园"。民国时，淑春园与燕南园一带，被陕西督军陈树藩（1885—1949）以2万银圆买到，1920年被燕大以6万银圆购置作为校园新址，陈树藩将所得款项6万中的2万捐作了奖学金。

　　从辽、金、元、明、清以来，北京西郊便是皇家、私人的离宫园林之地，明代书画家文徵明（1470—1559）用"十里青山行画里，双飞白鸟似江南"来形容西郊的山水，所以上至皇帝大臣，下至文人学士，都喜欢来这里游览驻跸。尤其是海淀一带风景秀丽，水泊众多，明清以来建有不少园林。

燕大新校园的设计者墨菲，是那个时代提出中国古典建筑复兴理念的人物。据说他被西边远远可见的玉泉山塔启发灵感，根据燕大校园的地形，利用中国古典园林借景的手法，设计了燕大校园东西主轴线——向西指向的终点为玉泉山塔，向东则穿过西校门、校友桥、办公楼、未名湖湖心岛亭，再大致过未名湖东岸男生体育馆（今称第一体育馆），原计划终点落在正东一塔上，与玉泉山塔东西彼此呼应，后来改在未名湖东南建造了水塔博雅塔，虽不在东西轴线上，却仍可与玉泉山塔相应。墨菲同时还设计了一条南北次轴线，从紧挨未名湖北部的东西排列的男生宿舍德、才、均、备四斋的中间开始，向南从甘德阁、麦风阁（今称北阁、南阁）与适楼（今称俄文楼）的中间穿过，再从女生宿舍（今静园六院所在地）的中间草坪正中穿过，到达当时的女生体育馆（今称第二体育馆）。两条轴线有主有次、阴阳和谐，东西轴线均从建筑物之中穿过，南北次轴线则均从建筑物之间穿过。校园内以这两条轴线为中心的众多建筑，大多采用了中国传统的三合院形式，风格上典雅而又统一。

淑春园构成了当时燕园的主体，至今仍是北大校园中最美丽的部分，为游人必去之地。燕园内最重要的文物、古迹与景观，基本也荟萃于此。这一区域，1990 年被列为北京市文物保护单位，2001 年被列为国家重点文物保护单位。

西校门

　　北大的西校门，大概是世界上与人合影最多的校门了。它由燕京大学校友 1926 年捐资修建，故又名"校友门"。北大西校门的门牌号现在是"颐和园路 5 号"，过去却一直是"娄斗桥 1 号"。娄斗桥也作娄兜桥，旧时在西校门南十余米处，所在之地是明清时期的风景名胜区，其历史一直可以追溯到明代末期的勺园。勺园是明代米万钟在万历四十至四十二年间（1612—1614）修建的名园。许多歌咏勺园这一带风景的诗，都提到娄斗桥，如清代吴长元《宸垣识略》中载查嗣瑮《杂咏诗》：

西校门（2018 年）

东雄西勾地较宽，米园绝有好林峦。

只因身在风烟里，画个朝参一笑看。

诗中的"米园"即勺园，"风烟里"亦为勺园的别称；诗中的"西勾"即西勾桥，也即娄斗桥，明人刘侗《帝京景物略》"海淀"中说："娄兜桥一名西勾。"晚清时勺园旁边蔚秀园的主人醇亲王亦譞，在咏蔚秀园的诗中说：

石在问谁知仲诏，桥欹有客辨娄兜。

"仲诏"为米万钟之号，"娄兜"即娄斗桥。可见，历史上娄斗桥一带曾是风景绝好之地，冈峦起伏，小桥流水，绿树湖泊。如今

西校门悬挂毛泽东题写的"北京大学"校匾（2002 年）

娄斗桥早已不存，只能从些许相关遗迹想见当年。

西校门长期作为北大的正门，成为北大的标志性建筑及象征，因出现在各类媒体而广为人知。西校门形制为院门中最高级别的王府大门，单檐歇山卷棚屋顶，面宽五开间，中间三开间为三框朱红对开大门，门上有一排排金钉。中门两边的门柱上端龙头伸出，悬挂华丽的宫灯，门内两侧稍间为门房。整个校门典雅端庄、气势恢宏，中门上端正中悬金字校匾"北京大学"，此四字为 1950 年 3 月 17 日毛泽东应北大学生会的要求，给北大校徽的题字放大而成。

其实，墨菲设计的西校门最初并不大，后发现校门太小不足与校内宏伟的建筑相匹配，1926 年校友集资修建西门时，就仿照颐和园的东宫门，建造了这个气派非凡的王府大门样式的西校门。

西校门石狮（2017 年）

西校门石狮

　　西校门前面有一对石狮雄踞左右，威风凛凛，为王府大门式的校门增色不少。狮子因威猛被誉为"百兽之王"，本非中国所有，东汉时才传入中国，但后来却成为最具中国特征的动物形象之一。雕刻石狮，目前看早在东汉就已出现，可能与佛教传入中国有关。石狮后世被广泛用于陵墓、宫殿、桥梁、府第之前作为装饰。西校门前面的这对石狮，为燕大 1924 年花 700 银圆从民间购得。在北大档案馆里，至今还保存着当时购买这对石狮的契书。据知情人回忆，这一对石狮最早也是圆明园内之物，后来

西校门石狮（2017 年）

才流落民间。

面朝大门之外，门前左边为雄狮，脚踩绣球；右边为雌狮，脚抚幼狮。这种左右安排，可能和中国以左为尊的左昭右穆制度有关。双狮头顶鬈毛，狮口大张，身披雕花绶带，带上小狮口衔铃铛，整个雕刻精美大气。石狮为白色大理石即汉白玉材质，总高 243 厘米，其中狮高 145 厘米。

这对石狮的基座，高 98 厘米，为典型清代风格的四方束腰须弥座*，从上到下分为七层结构，依次是上枋、上枭、束腰、下枭、下枋、圭角、土衬，除最下土衬外，其余六层均有雕刻。其中，上枋、下枋为几何回纹，上枭为仰莲瓣，束腰为卷草纹，下枭为伏莲瓣，圭角四角有云纹。须弥座的"须弥"是指佛教的圣山，也即被看作世界中心的须弥山，原用于佛像之座，象征佛坐圣山之上。须弥座又名"金刚座"，源自印度，其样式后来常常被用于小至花瓶、香炉，大至狮子、华表、牌坊的基座，也用于高级建筑的台基，其典型特征是上下宽，中间束腰，呈"工"字形。

北大校内还有不少石狮，但无论大小还是精致程度，都没有能超过这一对的。

小知识

◎ 须弥座

须弥座结构图（根据《梁思成文集》中"清式须弥座"图制作）

校友桥（2003 年）

校友桥

　　校友桥位于北大西门和办公楼之间，为燕大校友从 1925 年发起捐款于 1927 年建成，故得此名。据说该桥也是一块一块运自圆明园，然后再辅以水泥重建而成。在燕园众多桥中，校友桥首屈一指，来到燕园的人都会注意到它，并留下印象。侯仁之先生回忆自己初入燕园时说："从画栋雕梁的大学西门进入校园，迎面而来的是跨越石砌水塘上的三孔桥。桥下一池清水，上映蓝天。这就自然使人联想起宋朝学者朱熹如下的一首诗：'半亩方塘一鉴开，

天光云影共徘徊。问渠哪得清如许，为有源头活水来。'"（侯仁之《燕园史话》汉英双语本附录一《北京大学校园中的燕园》）

这座三孔圆券石拱桥，中券正上有镇水兽，其名为"蚣蝮（gōng fù）"，为龙九子之一。桥上栏板饰云纹，两侧各 12 望柱，均为正方形立柱，柱头亦近似方形，阴刻有如意纹。石桥两端以传统常见的抱鼓石收束。校友桥长 15 米、宽 4 米，正在燕园东西主轴线上，横跨方池碧波，体态优雅，外形秀丽。驻足桥上，左右有栏杆可倚，春可观鱼，冬可赏雪。过去此桥可通汽车，现在只有尊贵宾客来访时，汽车才允许从西门进入从此桥通过。

桥下方池，在燕大时期有时还是老生对新生进行"拖尸"的地方。"'拖尸'是英文字 toss 的音译，意为'投掷'，就是老生把某些新生抬起来扔到水里，给他进行一次恶作剧的'洗礼'。这一习惯是从美国传来的，被解释为一种'友好'的表示，实质上也代表了老生对新生的一种权威。被'拖尸'的学生往往是那些自命不凡，有些傲气的人。把他们'拖尸'一下，也算是杀一杀他们的气焰。"（孙永潵《我的大学生活》，《燕园钟声通讯》1994 年）"拖尸"基本只对男生，被"拖尸"的女生仅寥寥一二人。

别小看校友桥跨过的方池，其水上游可与北部鸣鹤园中小池相通，再北则可与荷花池相连；其水下游，据侯仁之先生考证，最初其实与未名湖相通："它的下游向南方汇为一片荷塘之后，又绕过档案馆和办公楼东侧的地下沟渠，流注未名湖中。"（侯仁之《燕园史话》汉英双语本附录一《未名湖上新景象》）它竟然是未名湖的源头活水！

小知识

◎ 龙之九子与中国传统装饰

　　龙的形象是中国传统装饰中最常见的元素之一，很早就开始出现，后世又衍生出"龙生九子"，并赋予各种形象和称谓，广泛用于建筑和装饰中。"九子"的名称和数量并不统一，只是一个笼统的说法，泛指数量众多。其中，常见的有椒图、螭（chī）吻、狻猊（suān ní）、赑屃（bì xì）、蚣蝮、蒲牢等。以北大校园内的建筑与装饰举例如下：

椒图（西校门）

其性好闭，多装饰在大门上。
其形象为口衔门环，也可不衔。

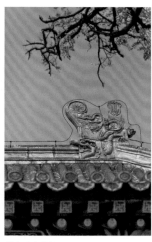

螭吻（才斋）

其性好望能吞，是装饰在屋脊两端的吞脊兽。其形象为龙首鱼身鸱尾，头下尾上，又名"鸱尾"。

狻猊（五供石香炉）

其性好烟，喜稳坐不动，常装饰在香炉足上。其形象似狮（狮子亦名狻猊），又名"金猊"。

赑屃（杭爱碑）

其性好负重，常用作石碑底座。其形象为龙首龟身。

蚣蝮（校友桥）

其性好水，能避洪镇水，常装饰在桥柱上。

蒲牢（钟亭铜钟）

其性好鸣吼，多用作钟钮。

华表（2018 年）

华 表

　　在校友桥和办公楼之间的草坪上，矗立着一对气势恢宏的华表，似乎昭示着这里是巍巍上庠（xiáng）。它们原是圆明园安佑宫门外遗物，1925 年燕大建校时置放于此。

　　华表是古代用以表示君王纳谏的木柱，柱身可供路人题写意见供君王参考，故又称"诽谤木"，《淮南子·主术训》说尧时即有；后来发展为指示道路的表木，柱头有横木指示方向，形状似花，故又谓之华表木，又称表木、桓木、桓表。一说桓、华音近，久之遂称桓表为华表。后世多用石制华表，今之所见，多在明清陵墓、宫殿、城门之前。

圆明园安佑宫建于乾隆七年（1742），规模宏大，为圆明园内最大的建筑物，是园内的皇家祖祠，殿内曾陈列康熙、雍正、乾隆遗像。安佑宫琉璃坊前原有两对汉白玉石雕华表，1860年此宫被英法联军焚毁。1925年燕大新建校园时，经由圆明园主管者同意，将三根华表由圆明园运至燕园，其中两根置立于此；第四根后来被京师警察厅运往城里，横卧天安门前路南。1931年夏国立北平图书馆在北海之西文津街建成新馆（即今国家图书馆分馆），将燕京大学多余的一根华表和放于天安门前的一根，运去立在主楼之前。

华表多南北向，北大校园内的这一对华表却因燕园东西主轴线而东西向。华表下方基座为八方形须弥座，座高124厘米；柱身为汉白玉雕成，刻盘龙和云纹，上端横插云板；柱头饰以有莲瓣的圆形承露盘，上面所蹲神兽名望天犼（hǒu）。望天犼与云板垂直相向成十字，指向四方。华表通高约800厘米，柱围约316厘米，其形制与天安门前华表相仿，规格略低。天安门前后有两对明代华表，门前那对华表，通高约957厘米，其上石犼均面向宫外，被称为"望君归"，意思是希望君主不要在外游玩太久，应当尽快归来料理政事；门后那对华表，其上石犼均面向宫内，被称为"望君出"，意思是希望君主不要总在宫内安逸享乐，应当常出宫了解百姓疾苦。故华表有时又称望柱。

北大这对华表，须弥座四周原无围栏，校方曾建低矮的双层水泥围栏，不能经久而破损，现改建为较高的四方围栏，并不美观。据说仔细观察这对华表，会发现它们其实并非真正的一对，

华表柱身和柱头（2005 年）

两根柱身粗细不一，且一浑圆一略有棱，下面须弥基座上的纹饰
也稍有不同，一有浪花，一无。当年燕大安放华表时可能未加细
审，将三根中的两根错配为一对，这也使得国家图书馆分馆前的
华表亦错为一对。历史造成了差错，但差错也已变成了历史。

办公楼（2017 年）

办公楼

　　华表的正东，在东西主轴线上矗立着一幢巍峨的东西朝向两层大楼，现在称为"办公楼"。正如每个城市都有一条标志性的主街，每个大学也几乎都有一栋有名的主楼，办公楼便是北大校园内这样一栋代表性建筑。它建于 1926 年，为清代宫殿式建筑，原名"施德楼"（Bashford Administration Building），1931 年 6 月燕大校楼命名委员会定其名为"贝公楼"，都是为了纪念对燕大作过贡献的贝施德主教（James Whitford Bashford, 1849—1919）——他

办公楼建在须弥高台之上彰显其高规格（2017 年）

是构成燕大主体的原汇文大学校长。办公楼一楼为北大校长等首脑们的办公之地，二楼为大礼堂，能容纳 1200 人，是学校举行重大庆典以及接待国外元首做演讲的场所。

办公楼正面朝西，背山面水，整栋楼形体对称，由主体和两翼耳楼构成，中间主体屋顶为歇山式，两翼耳楼屋顶为庑（wǔ）殿式*。中国传统建筑中，歇山顶的等级低于庑殿顶，办公楼主体体量巨大的屋顶使用了侧面直立的歇山顶，可能有承重、空间方面的考虑，也可能与墨菲对中国传统建筑认识不够深入有关。例如他把中国传统建筑中最具特色的斗拱，都当作装饰来使用，完全忽略了斗拱在中国建筑中的结构性功用。不过这也无可厚非，中国传统建筑中有不少功用性的构件，其实在后来的发展中会慢慢失去其实际功用，但却会被保留并突出原本附加其上的装饰作用。

办公楼中间的主体部分由红色立柱分隔为五个开间，每个开间均有上下两层朱红雕花窗户；正中明间为对开大门，大门上方向前伸出抱厦，抱厦之上为二楼阳台，据说此乃西方常见的设计，可供人在此对公众发表演说。

办公楼十分宏伟，比紫禁城的任何一所殿堂都要高大，无疑也是燕园里建筑规格最高的楼：一是整栋楼都建在一个须弥高台之上，而建在高台之上正是中国古代建筑等级高的重要表现，可参考故宫的三大殿；二是其东南西北四面有门，从门前台阶的形制上看，后门和两边侧门为"垂带踏跺"（台阶两边有垂带石。台阶旧称"踏步"，宋代又称"踏道"，清代称"踏跺"），而正门（西门）的台阶则为"御路踏跺"，"御路踏跺"是台阶中的最高等级形式，一般用于宫殿正门之前，其标志是台阶中有一块台阶石，又称"陛石""丹陛石"，办公楼正门台阶上正有这样一块台阶石。

小知识

◎ 庑殿顶和歇山顶

在中国古代传统建筑的屋顶样式中，庑殿顶和歇山顶等级都很高，也是燕园古建风格的建筑最常采用的样式。其中，庑殿顶等级最高，它的特征是五脊四坡，其屋脊有一条正脊和四条斜脊，

燕园德斋及其正房：左边正房为庑殿顶；右边德斋为歇山顶，三角形的山花处开有窗户。

形成四面斜坡出水。歇山顶在规格上仅次于庑殿顶，它的特征是有九脊四坡，即一条正脊、四条垂脊和四条戗（qiàng）脊，因此又称"九脊顶"，其正脊两端到屋檐处中间折断了一次，分为垂脊和戗脊，好像在此一歇，故名"歇山顶"。歇山式的屋顶两侧各形成一个三角形墙面，称为"山花"。歇山顶大致可看作是上半部分为悬山顶或硬山顶，下半部分为庑殿顶。此外，屋顶等级依次往下，还有悬山顶、硬山顶，它们均为五脊二坡，区别在于山面檩木屋檐是否悬伸出山墙之外。

办公楼正门前丹陛石（2017 年）

丹陛石

　　丹陛石又名"丹墀"（chí），镶嵌于办公楼正门九级台阶上。丹陛、丹墀原指宫殿前的赤色台阶，后世也用来代指台阶，臣下对君主称"陛下"即来源于此。东汉蔡邕《独断》："天子正号曰皇帝，自称曰朕，臣民称之曰陛下。……谓之陛下者，群臣与天子言，不敢指斥天子，故呼在陛下者而告之，因卑达尊之意也。"此丹陛石原为圆明园安佑宫前的台阶石，制作于乾隆初年。圆明园被焚毁弃之后，此石为光绪皇帝的四弟贝勒载涛购入，落户于朗润园中，后来归燕大所有。从 1931—1932 年的一张办公楼老照片来看，正门前还仅有麒麟和台阶，并没有这块丹陛石，此石当

丹陛石（2007 年）

在此后才放置于此。

圆明园安佑宫前的丹陛石一共有两块，另一块稍大些的被放置在颐和园东宫门入口处。据颐和园相关史料记载，1937 年 6 月颐和园整修东宫门内外石阶时，才将此丹陛石由圆明园移来，并加配古铜栏杆保护。北大办公楼正门前的这块丹陛石，长 315 厘米，宽 130 厘米，基本保存完好。石上有龙云浮雕，图案为二龙戏珠，故又称"龙云丹陛台阶石"，或简称"龙云石""云龙石"。

如今，有国外元首来访进入办公楼时，往往会在此正门台阶铺设红地毯，正应了"丹陛"之义。

石麒麟（2018 年）

石麒麟

在办公楼西门台阶左右两侧，有两尊引人注目的石麒麟。它们的刻成年代，应不晚于雍正三年（1725），最初立于圆明园大宫门前，乾隆六年（1741）修建安佑宫（鸿慈永祜）时，被移至安佑宫琉璃券门前，大宫门前则新做铜麒麟一对。1860 年圆明园被英法联军焚毁，后来又历经盗匪劫难，安佑宫早已残毁，面目全非、一片狼藉，这一对石麒麟历经风雨，却基本完好地保存了下来，后由载涛购得置于朗润园中，1925 年随朗润园一起归燕京大学所有，被放在当时贝公楼（今办公楼）正门两侧。

这一对石麒麟堪称燕园内最精美的石雕艺术品，1930 年代出版的燕大新校园彩色明信片中，贝公楼及这对石麒麟就曾作为燕

石麒麟（2018 年）

园的标志之一而出现。麒麟是中国古代传说中的祥瑞神兽，雄性
为麒，雌性为麟，据说在太平盛世才会出现。麒麟为人们想象出
的神兽，在外形上是狮头、麋身、龙鳞、牛尾的组合，它和龙、
凤、龟一起被称为"四灵"。

　　这对石麒麟设计讲究，刻工精美，气韵生动，神采焕发。其
头上肉角竖立，面部眉眼鼓突，鼻嘴前伸，张牙见舌，须毛飘飘，
遍身鳞甲，蹄前有一绣球。麒麟高 174 厘米，其下四方形须弥基
座有方毯装饰，在四面垂下方角。基座高 98 厘米，正面宽 141 厘
米，侧面长 195 厘米。每只麒麟与基座看似浑然一体，其实是由
两块石头刻成后拼叠而成的，接缝在须弥座向下 19 厘米上枭向内
收缩的断面处，故不易被人发觉，可谓匠心巧运。

外文楼（2002 年）

外文楼

　　办公楼与华表南北两侧有两栋庑殿顶的教学楼，三座建筑形成了一个中国传统的三合院结构。这种"品"字形的建筑安排样式，也成为整个燕园建筑群的母题，重复应用在各类大大小小的建筑群上。这些"品"字形建筑群，构成上都是中间较高、两边较低，但整体上却大小不一、敞闭有异、向背相殊，因此整个燕园的建筑群风格，既彼此呼应、统一有韵律，又各有变化，并非简单重复。

　　华表之北的教学楼，现在称外文楼，原名"M 楼"（McBrier Recitation Hall），后因钱穆的批评而改名"穆楼"，由银行家穆布

正中的办公楼与两侧的外文楼和化学北楼，组成"品"字形建筑群
（引自未名 BBS 航拍图）

莱（E. M. McBrier）捐款 10 万美元所建。据载，穆楼是司徒雷
登在募款中采用激将法得来的。穆布莱在纽约主管燕大事务的托
事部（Board of Trustees）中任职，司徒雷登对他说："你除了出
二百六十元给路思副校长买了一张火车票之外，对燕大一文钱也
没掏过。你明知燕大多么需款建校，却并无表示……请你辞掉托
事部职务。"穆布莱先生怒气冲冲，随后捐了 10 万美元建了这座
楼，如今成为北大外国语学院的办公用楼。外文楼和办公楼北侧
的民主楼，以及 1991 年增建的赛克勒考古与艺术博物馆，也构成
了一个"品"字形建筑群。

化学北楼（2018 年）

化学北楼

华表之南的教学楼，原是燕大的物理楼（Biology and Physics Building），由洛克菲勒基金捐建于 1925 年，原名"睿楼"，后来称化学北楼，如今是北大国际汉学家研修基地和北大国学院的办公用楼，名"大雅堂"。化学北楼的南面，是燕大后来所建的化学楼，后称化学南楼，现在是学校财务部办公地。

民主楼（1931年）（引自耶鲁大学图书馆网络档案）

民主楼

　　办公楼北侧与之平行的是民主楼，建成于 1922 年，是燕大在燕园内建造落成的第一栋建筑，为燕大宗教学院所在地，又称宗教楼。燕大宗教学院当时非常有名，是中国第一所基督教神学研究院，曾被誉为远东第一流的神学教育机构，刘廷芳曾任院长。燕大宗教学院出来的学生素质也很高，据说在一年的国际教会大会上，中国派出了一个由 28 人组成的代表团，其中四分之一来自燕大宗教学院。台湾原国民党主席连战的母亲，便是宗教学院的毕业生。

　　此楼由上海的甘维尔夫妇捐赠，原名"宁德楼"（Ninde

民主楼（2017 年）

Divinity Hall），以纪念美国宁德·威廉牧师（Bishop William X. Ninde）。宁德楼二楼有小礼拜堂，当年燕大的主要圣事都在这里举行。这个礼拜堂至今犹在，但已不再用于宗教礼拜。这里还进行过许多重要的选举，现在是外国语学院的办公用楼。

北大档案馆（2017 年）

北大档案馆

办公楼南侧与之平行的原是燕大三层楼的图书馆（Berry Memorial Library），由托马斯·百瑞（Thomas Berry）夫妇的三个女儿因父母的遗愿而捐款 5 万美元，于 1925 年建成。该图书馆外形仿照文渊阁而建，地下一层、地面三层；内部依照西方图书馆形式，中间有跃层天井；第二层中空，只在四周有回廊阁楼，最初中间悬空架有连接东西的弧形天桥，常有男生在桥上看下边来往人群中的美女，1936 年天桥被拆除，二层中间增建了阅览室。

燕大图书馆曾藏有图书期刊 40 多万册，此外还有未编目书

原燕大图书馆二层架有天桥

刊、拓片、善本书等多种，尤其是西文书籍很多。曾任北大英
语系系主任的李赋宁先生回忆说，在他从清华初来北大任教的
日子里，燕京大学保存的西文特藏书，使他能够顺利地备课和
准备讲稿。

　　1952 年该楼曾作为北大图书馆使用，后来作为北大档案馆使
用至今。北大档案馆藏有北大、西南联大、燕大等校的各类档案
20 余万件。它和化学北楼及化学南楼，也构成了一个三合院结构。
化学南楼的南面，则是 2001 年落成的北大校史馆。

化学南楼和北大校史馆（2017 年）

钟亭（2017 年）

钟　亭

　　办公楼东面的小山上有一座钟亭，内悬一口古铜钟。铜钟上用满汉两种文字铸刻着"大清国丙申年年捌月制"，但清代光绪、道光、乾隆、康熙时均有丙申年，有人推测为乾隆四十一年丙申（1776），也有人认为是清光绪二十二年丙申（1896），而老燕大钟亭明信片上则说铸于雍正（1723—1735）时，已有二百多年的历史，但雍正时并无丙申年，倒是此前康熙五十五年（1716）为丙申年，

钟亭内铜钟（2017 年）

精美双龙首钟钮为龙九子中的蒲牢
（2017 年）

也符合两百多年历史的说法。1929 年初，燕大用哈佛燕京学社的款项从德胜门外马甸以南的黑寺购得此钟，此年 9 月钟亭建成，铜钟遂置于此。燕大虽然是新式大学，但校园内仍撞钟报时。学校的《撞钟法》规定，每半小时撞钟一次，从十二点半起撞一下，到四点时撞八下，为一个轮回，四点半再撞一下，如此反复。这是起源于轮船海事的一种报时系统。钟亭基本在当时校园较为中心的位置，加之地势较高，撞击的钟声可响彻燕园。

　　钟亭为六柱攒尖圆亭，亭身六面内外均有花鸟、山水及三国人物故事的彩绘。其内铜钟，钟钮为双首龙身，其名为"蒲牢"（为龙九子之一）。钟身上中下三部分均饰海水纹，上部和中部共铸有大小 26 条龙，其中有 8 幅双龙戏珠图案；下部铸有八卦，二卦之间有朝日从海中升起；钟口向外扩，呈喇叭形。钟亭旁原有一棵古松，当为淑春园中旧树，今已不存，不知是已经老死还是移居他处了。1980年代初，北大还有专人定时从旁边的办公楼出来撞钟报时上下课，如今北大校内也不再撞钟报时，当年的钟声只留在了白发校友的回忆中。曾有一段时期，北大会在元旦之时撞击此钟，新年的钟声便在燕园回荡。

钟亭所在地，为未名湖西岸的小山冈峦，冈峦一直起伏绵延至未名湖南岸，成为校园内西部、南部的教学生活区与东部、北部幽静美丽的未名湖风景区的天然隔离带，使燕园之内有动有静。钟亭小山西面山脚下有乾隆诗碑，其旁绿树掩映之下，则是蔡元培先生铜像。

乾隆诗碑

乾隆诗碑位于未名湖西岸钟亭所在小山西面山脚下。据说此石碑为当年燕大新建校园之时，发掘于西校门外，可能原为畅春园遗物，也有说原为圆明园遗物，后移至燕园。石碑两面分别刻有清乾隆帝御书诗一首，均作于丁未年（乾隆五十二年，1787）。石碑西面所刻为一首《种松》七言诗：

清明时节宜种树，拱把稚松培植看。

欲速成非关插柳，（自注："柳最易活，折枝插地即成，根亦易长，种树十年计盖谓此。若松柏，二三十年尚不入观也。"）把清芬亦异滋兰。

育材自合求贞干，絜矩因之思任官。

位于钟亭下方的乾隆诗碑（2005 年）

待百十年讵云远，童童应备后人观。

种松戏题，丁未仲春中澣御笔。

钤印二："古稀天子之宝""犹日孜孜"

　　石碑东面所刻为一首《土墙》五言诗，以追记昔日为练习虎神枪所筑土墙：

苑西五尺墙，筑土卅年矣。

昔习虎神枪，每尝临莅此。（自注："习枪苑中，远筑土墙以遮枪子，恐伤人也。"）

木兰毙於（wū）菟，不一盖已屡。

土墙久弗试，数典忍忘尔。

乾隆诗碑东面刻诗（2003 年）

得新毋弃旧，可以通诸理。

土墙一首，丁未仲春中瀚御笔。

钤印二：“古稀天子之宝”“犹日孜孜”

　　诗碑由碑身、碑座两石组成，宽约 227 厘米，通高 110 厘米。碑身两面诗文四周以及碑座四周，都雕饰有双龙戏珠图案，非常精美。

蔡元培铜像（2017 年）

蔡元培铜像

蔡元培先生（1868—1940）1917 年起曾任北京大学校长近 11 年，虽然他自己说"实际在校办事，不过五年有半"，但却是对北大影响最为深远的校长，被尊为北大"永远的校长"。蔡元培先生半身铜像，是北大 1977、1978 级毕业生为纪念蔡校长，在毕业前夕集资铸建，于 1982 年 10 月 15 日落成。铜像由中国著名雕塑家曾竹韶教授创作，基座上的"蔡元培先生"为许德珩（héng）先

1916 年蔡元培校长任命状（引自网络）

生所书。

　　蔡元培字鹤卿，号子民，浙江绍兴人。23 岁中进士，后委身教育，发起成立中国教育会并任会长，曾任北京政府教育总长。蔡先生入主北大后，让北大发生了翻天覆地的变化。他明确提出"大学者，研究高深学问者也"，并提倡"思想自由、兼容并包"的方针，聘用各类优秀人才教学，实行教授治学、民主管理、男女同校，使学校面貌焕然一新，北大成为新思想、新文化的发源地。正如曾担任北京大学化学教授的任鸿隽（1886—1961）先生所说："有蔡先生而后北大始成其为北大。"如今的蔡元培先生铜像前，一年四季鲜花总是不断。元培精神，永在长青！

未名湖

钟亭小山的东面便是著名的未名湖，它已成为北大的标志性景观之一。未名湖的形成，大概可以追溯到清康熙二十六年（1687），叠山造园大家叶洮规划设计"自怡园"时。乾隆时，包括未名湖在内的周边一带被赐给宠臣和珅，成为清代著名园林"淑春园"，和珅又名之"十笏园"。和珅在此大加营造，园中水田被开凿为大小连属的湖泊，挖掘起来的泥土被堆筑为湖心小岛和环湖的冈阜。现在的未名湖，即是被保留下来的淑春园中最大的一个湖泊。

"未名湖"这个名称，1926年冰心留美归来到燕京大学任教时还没有，因为它处于睿王园中，有时也称睿湖；又由于湖心岛上种有枫树，有时也叫枫湖。而"未名湖"则是由曾在燕大任教的钱穆先生在1930年受聘燕大任教时命名的。

今天这个著名的不规则形状的未名湖，当初因为挑战了燕大校园规划者墨菲设计图上严整的空间秩序，墨菲出于对规则形状和对称性的追求，而差点将之填塞改造。这里要感谢当年燕大一位年轻的化学教授，他就是校园基建部门的负责人约翰·M. 翟伯（John McGregor Gibb，1882—1939），正是他对校址上旧园林价值

未名湖（2017年）

从博雅塔上看四斋及其他建筑（引自耶鲁大学图书馆网络档案）

以及校园景观的关注，才使得未名湖没有被从设计图上抹掉或变成一个方方正正的小湖，也才使得校园后期的建设开始逐渐重视中国的历史园林及其景观。未名湖的保留，给后来的燕园意外地增添了浓厚的园林韵味，无疑给这所世界上最美的大学校园加分不少。

未名湖及其周边，是燕园文物、景观的精粹所在。

未名湖的北岸，建有四座男生宿舍楼，后来称为德、才、均、备四斋，每二斋的北头有上下通道与正房相连，四斋的两厢是燕大的男生宿舍，一共组成了两个"品"字形建筑群，背北向南，高大开敞。四斋建筑的南端山面均有柱廊，别具一格。通过被称为"鹊桥"的一个小石桥，向南可通往在静园的女生宿舍。

四斋往东是体、健、全三斋，没有魄斋，谁愿意住在魄（破）斋呢？其中体斋原称"湖滨甲楼"，又称五楼，是海可尼（Hackley）姊妹为纪念其父而捐建。健斋原称"湖滨乙楼"，又称六楼，为北

德斋（2017年）　　　　　　　　才斋（2016年）

每二斋的北头有上下通道与正房相连（2017年）

亭阁式的体斋在备斋旁（2012 年）

京、天津的中国实业家所捐，故又称平津楼。建于 1952 年的全斋是四合院平房，南北两排房屋长，东西两侧短，当时作为男教师宿舍，2009 年被全部拆除进行了重修。体、健、全这三斋，是形制、大小完全不同的单体建筑，其中体斋和健斋有廊梯相连，设计别致。体斋、健斋的体量和尺度都比德、才、均、备四斋要小许多，除了出于对已有湖泊现状的尊重和保留，据说也是因为当初考虑到建设费用——墨菲设计的两组男生宿舍的建设费用甚至远远超过了最初购买整个校园地皮的 4 万银圆。

体斋后面是健斋（2017年）

　　未名湖的西岸有石供桌及五供，湖边水中有翻尾石鱼；东岸
建有第一体育馆、博雅塔；南岸有慈济寺山门，其附近的小山上
则有著名的临湖轩。

体斋和健斋有廊梯相连（2017 年）

全斋（2017 年）

石供桌及五供（2018 年）

石供桌及五供

　　从乾隆诗碑南侧的小径，可直通未名湖。石供桌及五供就在未名湖西岸旁，钟亭小山东面的山脚下。所谓"五供"，是祭祀时盛放香、灯、花供品的五件器皿，在民间有用铜、锡、瓷等材质制作的。北大这一组石五供左右对称摆放，是陵墓前用于供奉逝者的象征性石雕祭器，并非供实际使用。石供桌及五供，当为晚明文物，其来源尚不可考。石供桌及五供石雕，做工精美，尤其是其中的五供，体量宏大，在国内亦属少见。

　　在这组石雕中，石供桌置于一块方石之上，为全雕的须弥座

石供桌（2017 年）

形制，从上往下的上枋、上枭、束腰、下枭、下枋、圭角六个部分，均有精美雕饰。上枋雕饰缠枝莲花，下枋雕饰古钱、宝珠、祥云、方胜、珊瑚、犀角等八宝吉祥图案。上枭、下枭分别为仰莲瓣、伏莲瓣，束腰四角为玛瑙柱，圭角为云纹。

　　五供位于石桌前方，五供下方均有雕镂精美的圆形底座。五供正中的是香炉，炉顶饰有灵芝花和青竹，炉身饰鸟兽纹，三足饰以龙之九子之一的"金猊（ní）"。香炉左右各有一烛台，两件烛台均为圆形，雕有云纹和八宝图案。最外侧的两件花瓶为四面体，左右饰兽首衔环，其名为"椒图"，亦为龙九子之一，瓶身饰有饕餮纹。

　　北京明十三陵每座陵前均有石供桌及五供，可知明代形制是五供均置于供桌之上，其中只有崇祯思陵的一套五供为清初顺治

五供中的香炉、烛台、花瓶（2017 年）

时所建，各有自己的基座并直接立于地面。清代在帝、后陵前也仿制明陵放置五供，但也都置于供桌之上；早期、中期时烛台在最外侧，晚期则花瓶在最外侧。北大这一组五供，形体上完全超过了明代皇陵前的五供尺寸，不可能全置于石桌之上，而且都各有底座，与清初由投降清朝的明朝内官太监负责建造并放置于明思陵前的五供有些类似；此外，一些明代太监墓前的五供式样也与此类同，所以当为晚明文物。

"植树铭"碑

　　紧邻五供南侧竖有一块不起眼的石碑，就是"植树铭"碑，它是燕京大学教育系为纪念1922年（壬戌）的班级植树活动，在1922年10月14日所立。石碑为长方圆角，通高77厘米、宽50厘米、厚19厘米，上刻"植树铭"和壬戌班15位同学名字。"植树铭"文共52字，句句均取自《诗经》，连缀为美文，以抒情志。碑文内容如下（括号内是含义和出处）：

植树铭

瞻彼中林【看那树林中】（见《诗经·小雅·正月》和《大雅·桑柔》）

其叶蓁蓁【叶子多茂盛】（见《诗经·周南·桃夭》）

淑人君子【贤人和君子】（见《诗经·曹风·鸤鸠》和《小雅·鼓钟》）

学有缉熙于光明【勤学积累向光明】（见《诗经·周颂·敬之》）

何彼秾矣【怎那般茂盛丰艳】（见《诗经·召南·何彼秾矣》）

灼灼其华【明媚的花儿】（见《诗经·周南·桃夭》）

岂弟君子【快乐平和的君子】（见《诗经·小雅·湛露》《青蝇》《大雅·旱麓》《泂酌》《卷阿》）

婆娑其下【翩然舞动在树底】（见《诗经·陈风·东门之枌》）

日就月将【日久月长】（见《诗经·周颂·敬之》）

"植树铭"碑（2017 年） 燕大壬戌班同学植树纪念（1922 年）
（引自耶鲁大学图书馆网络档案）

有蕡其实【硕果累累】（见《诗经·周南·桃夭》）

以谷我士女【男男女女都来吃】（见《诗经·小雅·甫田》）

绰绰有裕【如此多多还有余】（见《诗经·小雅·角弓》）

    燕大颇为重视学生的社会实践与服务，在留存的老照片中，有好些是记录燕大学生植树活动的，班级往往也会开展"种植班树"的活动，在仪式中还要唱班歌，上右图就是 1922 年 10 月 14 日这次植树立碑活动的照片。

    1922 年燕大尚未进驻新校园，此碑当是后来迁入燕园的。从碑上人名和这次活动的照片可见，所有同学皆为男生，则此碑或原立于北京东城盔甲厂的燕大男校。如今 90 多年过去了，石碑上的文字有些已经开始漶漫，但字里行间仍然散发着青春之气。

翻尾石鱼

从石供桌及五供旁的小路，几步便到达未
名湖西岸，离岸边不远处水中的翻尾石鱼跃入
眼中，但可望而不可即。翻尾石鱼原是圆明园
中长春园的遗物。长春园中建有一组仿欧洲文
艺复兴时期风格的西洋建筑，在建于乾隆十二
年（1747）的"谐奇趣"楼前，有一个圆形的
大型海棠式喷水池，翻尾石鱼便装饰其中。圆
明园被焚毁后几成废墟，翻尾石鱼后来被朗润
园主人载涛买下，放置于朗润园中。1930 年燕
大毕业生买下石鱼赠予母校，从此石鱼翻尾于
未名湖中。

石鱼用黄白细石雕成，翘首张口、翻尾及
背，动感十足而跃出水面。在雕刻细节上，黄
白鱼鳞仿佛真实鲤鱼，须鳍生动，犹如出水瞬
间。这是未名湖中最大的鱼，身长 165 厘米，
高 87 厘米。"文革"十年浩劫，石鱼也被推翻
沉入湖底，遭到破坏。1981 年石鱼重见天日，
但尾、嘴已破损严重，北大校方予以修补，置
此至今。

翻尾石鱼（2012 年）

西式平桥（2017 年）

西式平桥

　　从未名湖北岸备斋到湖心岛，需经过一座西式平桥。原为圆明园西洋楼方外观的五孔溪桥，又称西式平桥，共有两座，由意大利人郎世宁（Giuseppe Castiglione，1688—1766）设计，建成于乾隆二十四年（1759）。在今未名湖北侧的这座西式平桥，即其中之一；另一平桥已无完身，其部分石构件散落在北大西门北侧的鸣鹤园草坪。

　　该桥桥身南北向，为无栏杆的石制平桥，平坦大气，徒步或

西式平桥的束腰桥面（2017 年）

圆明园方外观遗址（2005 年）

骑车均能通畅自如，正如《诗经》所谓"周道如砥"；但桥面却是独特少见的束腰枕形：中间宽约 3.5 米，两侧最宽处约 7 米，桥板长 9 米。桥下有四个方形桥墩，将桥分为五个部分，桥身两侧刻有秀美的西式番草样式石雕，与桥之五孔相配，刚柔相济。每至清晨和黄昏，其美其秀，最宜观览。

方外观是一座覆有回纹图案大理石贴面的三开间西式小宫殿，是乾隆的维吾尔族爱妃容妃（1734—1788）做礼拜的地方，算是一座清真寺，所以又有些许伊斯兰元素。容妃为新疆和卓氏，于乾隆二十五年（1760）进京入宫，她在民间颇为有名，被称为"香妃"。方外观 1860 年被毁，在 1922 年瑞典人喜仁龙拍摄的方外观遗迹照片中，石桥犹在。其后当在燕京大学建设新校期间，石桥移至校内此处，至今已近百年。

岛　亭

通过西式平桥，便可到达湖心岛，岛上栽有油松和枫树，故或称之为"枫岛"。湖心岛是当年和珅淑春园的遗迹之一。拾级而上，就能看见岛上有一八角攒尖亭建筑，它就是湖心岛上的岛亭。此亭建成于 1930 年，原名"思义亭"，是为纪念燕大副校长路思义（Henry Winters Luce, 1868—1941）。"路思义"即 Luce 的音译，也译作"路思"或"鲁斯"。

岛亭（2017 年）

　　路思义先生毕业于耶鲁大学，1897 年作为传教士被美国长老会派到中国，在中国生活了 31 年，曾任教于济南的齐鲁大学。1919 年司徒雷登任燕大校长筹建新校园，1920 年路思义受邀任燕大副校长，为燕大募捐筹款甚多。1928 年路思义先生返回美国任事。路思义的长子亨利·罗宾逊·鲁斯（Henry Robinson Luce，1898—1967），是美国《生活》《时代》《财富》三大刊物的创办人，出生于中国山东登州（今蓬莱），1929 年他捐资开始建设此亭，1930 年建成后遂名 "思义亭"。因为亨利·鲁斯而建的 "亨利·鲁斯基金会"，曾为中美文化学术交流作出了不少贡献。1988 年鲁斯基金会又出资重新修缮了岛亭，名为 "鲁斯亭"。

DR. HENRY W. LUCE.
VICE-PRESIDENT.
PEKING UNIVERSITY.
PEKING, CHINA.

路思义（引自耶鲁大学图书馆
网络档案）

湖心岛枫树（2007 年）

按墨菲最初的设计，鲁斯亭所在位置应是燕园南北轴线的交汇点，原本要建一座大教堂，但计划胜不过变化。岛亭在燕大期间曾供师生团体聚会之用，后来亦在此经营西餐和茶点。北大曾将其作为图书室、教研室，现在已不再作办公之用。岛亭分上下两层，有台阶通往地下部分，地上部分建在台基之上，均为木质结构，雕梁画栋，八面八柱，环绕回廊，是岛上遮阳、避雨、听松、赏枫、休憩、会友的绝佳之地。从岛亭东面下去，便能看见水边的石舫。

石舫（2015 年）

石　舫

　　石舫位于未名湖湖心岛东侧，是原淑春园中唯一的建筑旧物。乾隆四十九年（1784），皇帝将淑春园赐给和珅所有。和珅在此园中大肆兴建、造岛造湖，他美慕颐和园内乾隆二十年（1755）所建石舫"清晏舫"，遂斗胆在淑春园内仿制了这座石舫。和珅模仿皇家园林的意图是明显的，这成为他被嘉庆治罪入狱时的罪证之一，最终和珅因巨额贪污被勒令自尽。

　　原石舫上有类似画舫的木构建筑，1860 年英法联军火烧圆明园时，淑春园及此石舫也连带被毁，今仅存石舫基座。光绪皇帝的生父醇亲王奕譞，在游览淑春园后曾赋《石舫》诗一首：

石舫（2018年）

余概模糊辨，轩楹慨劫灰。竟成填海物，不是济川材。

渭水曾推毂，严陵尚钓台。临流一凭吊，蛮语动蒿莱。

经过两百多年的风风雨雨，这一不系之舟仍稳于水面，不为所动。据说当年墨菲设计燕大校园时，就是以石舫上的石柱为准来做测绘。2009年春节期间，因为岁月久远，加上长期游人驻足和冬季冰冻膨胀，石舫东南头突然坍塌，北大校方曾予修复。石舫本为帝王特有，如今时过境迁，已成为学子与游人流连之处，在此观湖望塔，犹在历史画中。

石屏风（2006 年）

石屏风

　　离开湖心岛，沿未名湖北岸往东行，会路过四扇并立的青石屏风，它们镶嵌在土丘山石之中，正与未名湖中石舫彼此相望。这组石屏风又名乾隆四扇屏，其上刻有相传为乾隆皇帝御笔题写的四扇立幅，每一扇自成一景又相互联为一体，虽经历数百年风雨，字迹仍然清晰明了。四扇屏从右往左，分别题写：

　　　　画舫平临蘋岸阔，飞楼俯映柳阴多。

　　　　夹镜光澂风四面，垂虹影界水中央。

石屏风的内容与其旁体斋、未名湖、石舫、湖边柳树默然契合，仿佛天成。这 28 字清秀遒劲，潇洒倜傥。四扇上端均雕卷边荷叶纹和云纹，下端雕上下两排莲花纹。

据传，乾隆石屏风本是圆明园福海南岸"夹镜鸣琴"的遗物，原来镶嵌在一座高大的亭桥两面，亭桥下为出水口，流水激荡作响，犹如铮铮的琴声，故曰"鸣琴"；"夹镜"应来源于李白诗句"两水夹明镜"。圆明园先后遭到英法联军和八国联军的浩劫和焚毁，这四扇屏风被埋没在废墟残垣之中，后来为朗润园主人载涛购置于朗润园，最后归于燕大。最早被弃置于民主楼西北处草丛之中，后被安放在未名湖北岸此处。

第一体育馆

过了未名湖北岸的石屏风，折而向南，在未名湖东岸边便是第一体育馆，它是燕大的男生体育馆。原名华纳体育馆（Warner Gymnasium），因为美国燕京大学托事部主席富兰克林·华纳（Franklin Warner）捐资 7.5 万美元兴建而得名，建成于 1931 年。

一体建在须弥座的台基上，中间的主体和两侧的耳楼都是庑殿式屋顶。一体雄伟高大，内部分地上、地下两层。中间主楼地上一层可用作篮球场等，十分宽敞，地面至今仍是燕大当年铺设的进口木地板。

第一体育馆（2012 年）

　　一体的东面是一片空阔巨大的运动场地，据载当年是在纽约卡尔·汉米尔顿先生（Mr. Carl Hamilton）的帮助下平整出来的，燕大校长司徒雷登曾在这里亲自为学校运动会获胜者颁奖。恢宏的一体与旁边高高的博雅塔相得益彰，尽显雄壮之美。

　　一体的西面便为未名湖，但二者之间用假山和树木巧妙地隔离开来，体现了中国园林遮掩含蓄的特色。每逢冬季冰雪季节，学校会在结冰的湖面上滑冰课。

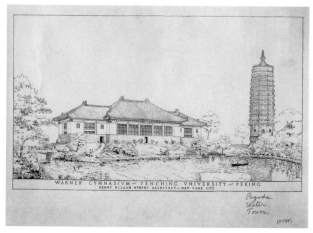

墨菲手绘的体育馆和水塔设计图（1930 年）（引自耶鲁大学图书馆网络档案）

博雅塔

　　从一体稍往南，就是位于未名湖东南角，已成为北大著名标志之一的"博雅塔"。此塔原本设计放置在轴线之上，路思义副校长建议移离轴线，司徒雷登校长也认为像塔这样一个装饰性元素，在中国设计中是不宜放在轴线之上的。所以此塔最终被建在东南角，正好处于合适的巽（xùn）位。

　　塔本是具有佛教色彩的建筑，把它放置在燕大这样一所基督教大学校园内，是因为其中国符号化意象以及承担的实际功用——它是当时提升校园自来水水位的一座水塔。

　　在墨菲最早的燕大校园规划图中，东西主轴线正东终点就有一塔，墨菲希望它在数里之外的各个方向都成为一个地标。塔是这位西方设计师心中的"中国元素"，他曾在后来多张设计图中前后左右多次变换位置都不愿放弃。因为当时北京自来水厂无力供水到海淀燕园，1924 年在今博雅塔附近打有一口地下深水井，其水丰沛清澈，可供全校之用，遂建水塔于此，屹立至今。不过当初墨菲对中国建筑了解不深，竟然曾提议将塔和旁边动力厂的烟囱合为一体。对此，司徒雷登说道："中国宝塔里冒出白烟将会导致一种非常不得体的效果，会使人们忍俊不禁。"

　　博雅塔乃仿通州古塔而建，大概因为通州原是燕京大学前

博雅塔（2017 年）

博晨光教授（引自网络）

身之一的协和大学所在地。燕京大学的西方宗教哲学教授博晨光（Lucius Chapin Porter）曾经在通州做过传教士的叔父（James W. Porter），特意为建设水塔外表而捐款，故此塔被命名为"博雅塔"。博晨光毕业于美国著名文理学院伯洛伊特学院（Beloit College），曾担任"哈佛燕京学社"创立之初燕京大学一方的负责人。博雅塔比通州古塔稍低，通州古塔初建于北周，后经重修，为砖木结构的实心密檐式塔，高56米，塔内供奉燃灯佛石雕像，故又称燃灯塔。博雅塔的建造，除下部基座为砖石须弥座外，全部使用了现代的钢筋水泥材料，连斗拱也是水泥仿制，但却十分精良。塔的形制为八角密檐式，下部为双层砖砌须弥座，其上有三层仰莲瓣，再上面塔身八面门、窗相间，共13级，高约37米。此塔中空，路思义副校长和博晨光曾提议装上电梯以便登临观景，后因塔内空间狭小而作罢，但有螺旋铁梯直通塔顶。

博雅塔上水泥建造的斗拱和莲瓣（2017 年）

每逢节庆，塔身之上所饰彩灯便会被点亮。春夏秋冬、湖光塔影，总令人流连忘返。博雅塔、未名湖、图书馆，三者一起作为现在北大校园内的代表性景观，被简称为"一塔湖图"。

慈济寺山门（2018 年）

慈济寺山门

在未名湖的南岸，原有庙宇曰"慈济寺"，庙门面湖，正殿及配殿都建在土山上，正殿旧址就在今天斯诺墓所在的地方。后来此庙毁于大火，此处仅存庙门。有传清代圆明园养花的太监们，常在此祈求花神，保佑他们所养之花四时开放，所以又称此庙为"花神庙"。

山门东西两侧各有一座石旗杆座，因有断裂而用铁圈箍住，是燕大 1934 级留校纪念的礼物，当初旗杆高约两丈，如今仅存石座。

燕大新闻馆（2017 年）

慈济寺红色的山门成了未名湖畔绝妙的点缀，有万绿丛中一点红的意境。山门之前的湖边，成了人们赏雪、观鱼的集聚之地，也是观赏湖心岛秋色、湖中石舫的最佳之所。

在原慈济寺所在小山南面的山脚下，坐落着燕大新闻馆。这是一栋不起眼的二层小楼，由美国匹兹堡的麦凯尔维（McKelvy）家族捐建。这里也曾用作燕大男生医务室，后来因为燕大新闻系进驻而热闹起

旗杆座（2017 年）

老燕大新闻馆（引自耶鲁大学图书馆网络档案）

来。燕大是中国第一所创办新闻系的大学。新闻系筹建于1924年，中间因为经费短缺曾一度停办，1929年9月又重新建系。新闻和经济学两个专业常常争夺招生人数的头把交椅，很受欢迎。中国新闻社常驻世界各大国首都的代表，一度几乎都是燕大新闻系的毕业生；在国内各报社，也随处可见燕大学生的身影。燕大新闻系为中国培养了许多优秀的新闻才人，校长司徒雷登为此很自豪。世界著名的美国记者埃德加·斯诺（Edgar Parks Snow，1905—1972)，就曾在燕大新闻系任教。

斯诺墓（2015 年）

斯诺墓

　　由慈济寺山门南面的台阶可上到小山中一个平坦之地，这里原是慈济寺正殿所建之处，现为斯诺墓。埃德加·斯诺（Edgar Parks Snow，1905—1972）是美国著名记者，曾用中文名字"施乐"并请人刻有铜印。他 1928 年来到中国，1934—1937 年曾兼职任教于燕大新闻系，在中国生活长达 13 年。

　　1936 年下半年，斯诺访问陕甘宁边区，并采访了毛泽东、彭德怀等红军领导人，成为第一个采访长征之后的中国共产党领导人的西方记者。随后，他回到北平发表了大量通讯报道，还在临

斯诺与毛泽东（引自网络）

湖轩热情地向燕大师生放映他拍摄的反映苏区生活的影片、幻灯片，展示照片。1937 年，斯诺出版了轰动西方的《红星照耀中国》（*Red Star Over China*，又译为《西行漫记》），向全世界介绍了中国共产党及其革命。

1949 年后，斯诺曾三次来华访问，并与毛泽东见面。1972 年，他在瑞士日内瓦寓所去世，骨灰依其遗嘱，一部分撒在纽约州哈德逊河，一部分埋葬于北大未名湖旁。周恩来为之亲拟碑文，于 1973 年来到未名湖畔主持安葬仪式。在汉白玉墓碑上，中文镌刻叶剑英的题字："中国人民的美国朋友埃德加·斯诺之墓。"

赖朴吾、夏仁德两位教授墓园（2017 年）

赖朴吾、夏仁德两位教授墓

离开斯诺墓，沿着未名湖南岸往西，经过一座小石桥，便能看见建在高冈上掩隐在树木之中的临湖轩。临湖轩北面临湖的山坡，有赖朴吾、夏仁德两位教授墓碑，建于 1984 年。

方形墓碑上用英文刻着"赖朴吾、夏仁德之园"，下方的两块石头上，刻有两位教授的亲笔签名及生卒年代。

赖朴吾教授（Ernest Ralph Lapwood，1909—1984）是英国人，毕业于剑桥大学，1936 年开始任教于燕大数学系，是国际著名的地球物理学家、数学家。他和全家 1952 年返回英国，后在剑桥大

赖朴吾教授（引自网络）　　　夏仁德教授（引自网络）

学任教；后来与夫人几次访华，1984 年来华讲学期间因病去世，遵照他的遗嘱，其骨灰留在了未名湖畔的山坡。

　　夏仁德教授（Randolph Clothier Sailer，1898—1981）是美国人，1923 年获哥伦比亚大学博士学位后，来到中国一直任教于燕大心理系，也曾担任系主任，在家中常招待师生"茶叙"。他很受校长司徒雷登的信任，常被请托代为处理校务。后抗日救亡运动爆发，夏仁德是燕大第一个给学生抗日会捐款的外籍教授；1941 年他在燕园被日军逮捕，被关押在集中营两年。夏仁德一直在燕大任教到 1950 年，当年他回国休假后，无法返回他热爱的燕园。1973 年他曾回访中国，受到周恩来的接见；1981 年 7 月去世，燕大校友把他和赖朴吾教授的名字一起刻在碑上，以缅怀和纪念这两位燕大教授。

四石柱（2017年）

从两位教授墓东侧的一条小路可达临湖轩。路上可见小湖对面有四石柱，上面放置水泥石条，作花架之用。四柱不像新作，来源不详，疑为圆明园中旧物。

临湖轩（2017 年）

临湖轩

　　临湖轩所在之处，原有建筑为清代和珅淑春园中所筑"临风待月楼"，此楼后来可能废毁于 1900 年八国联军入侵之时。临湖轩是一座中国古典建筑风格的三合院（英文称 U-shaped House），掩隐在翠竹和古松之间，在整个燕园中处于较高之地，又紧邻未名湖，真可谓临风待月绝佳之所。临湖轩是一名在费城学习建筑的中国人帮助设计的，在美国费城居礼夫妇（George W. Currie）的捐助下于此兴建。当初曾被居礼夫妇指定用作燕大校长司徒雷

吴文藻、冰心在临湖轩的婚礼（引自网络）

登的住所，否则就取消捐款。司徒雷登虽然多次表明他不接受限制用途的捐款，并且表示自己也不必住这么大的房子，但最后他作了让步接受了这番好意，于是便有了临湖轩。

临湖轩起初没有名字，1931 年才由冰心命名，并请北大文学院院长胡适题写了"临湖轩"三个字，制匾悬挂在中间大厅临湖一面的门额上。司徒雷登非常喜欢此地，但他并不将之视作自己的私宅，临湖轩的客厅、餐室常归公众使用，他也常在此接待宾客，举办茶会、舞会和婚典。

临湖轩见证了不少历史。1929 年吴文藻和冰心的婚礼就由司徒雷登在这里主持举行，1935 年费孝通夫妇的婚礼也在这里举行，后来北大校长马寅初也曾在此住过。马寅初为美国哥伦比亚大学

从俄文楼看临湖轩和两棵明代白皮松（1933 年）（引自耶鲁大学图书馆网络档案）

经济学博士，回国后任北大经济系教授、系主任，1919 年当选为北大第一任教务长，1951 年出任新中国北大首任校长，1955 年提出了关于控制人口的理论。其"新人口论"受到批判，但他公开发言宣称道："我虽年近八十，明知寡不敌众，自当单身匹马，出来迎战，直到战死为止，决不向专以力压服、不以真理说服的那种批判者们投降。"表现出了一名真正北大人的精神风貌。现在，临湖轩成为北大重要外事活动的接待场所。

临湖轩前的草地，矗立着一尊高大秀美的太湖石，旁边还有两棵高大的明代白皮松，为原淑春园中旧有古树，二树下部均有石砌须弥底座，所享规格园中他树无以比拟，观者亦须仰望。在秋高气爽的日子，或是大雪纷飞的时节，这两棵古树无疑是校园内最亮丽的风景之一。

临湖轩内鱼洗（2017 年）

临湖轩鱼洗

　　临湖轩院内、院外原各有一件汉白玉鱼洗，院外那件原放置于俄文楼、梅石碑、临湖轩入口三角地带的花坛之中，在 2007 年被盗丢失；现仅存院内形制稍大的这一件，并由原来的位置移动到了临湖轩正厅门前。鱼洗是中国古代一种装饰有鱼纹或其他纹饰的盆状盥洗用具。两件鱼洗上部的前后两面雕饰有麒麟和梅花，四角为猛兽似狮；左右两侧的雕饰，院内的那件为飘带和绣球，院外的那件为缠绕飘带的伏羲、女娲形象和绣球，下部均环绕着

临湖轩外被盗鱼洗（2005 年）

一圈水纹图案。两件鱼洗的雕刻都十分精美。

两件鱼洗形制相似，仅大小、雕饰稍异。鱼洗的底座，前后两面均雕饰神兽；左右两侧，一侧均刻"大明永乐年造"及"永乐御贤之宝"钤印，据此可见是明代永乐（1403—1424）遗物，距今已有600年左右的历史，另一侧均刻明代文徵明（1470—1559）的一首诗《恭候大驾还自南郊》，院内鱼洗所刻为前半部分：

> 圣主回銮肃百灵，紫云团盖翼苍精。
>
> 属车剑履星辰丽，先驾旌常日月明。

院外鱼洗所刻为后半部分：

> 千里春风传警跸，万方和气协韶頀。
>
> 白头欣睹朝元盛，愿续思文颂太平。

临湖轩内鱼洗上的诗文（2017 年）

从诗文可见这两件鱼洗本为一对。文徵明多次参加科举考试不中，明嘉靖二年（1523）54 岁时经人推荐才授翰林院待诏，还不时受到同事的嘲讽，三年半后辞官退居江南吴中，成为一代书画名家。奇怪的是，《恭候大驾还自南郊》这首诗显然写于嘉靖（1522—1566）初年他在北京做官期间，晚于鱼洗底座的制作时间百年左右。如果"大明永乐年造"文字和"永乐御贤之宝"印为真，为当时钤印，则鱼洗底座两侧的文字绝非同时期镌刻；如果字、印为后人所刻，则何时所刻以及文徵明的诗是否同时并刻，目前已不可考。而安置在底座上的鱼洗，大概也并非明代所制，有学者认为是清康熙时仿制而成。如此看来，鱼洗这样的文物也包含着层累形成的历史。

梅石碑

　　紧邻临湖轩入口，在西侧小山脚下树林边立有一块石碑，石碑上刻着一峰玲珑的奇石和一株老干横斜、花朵繁盛的梅树，上边还有乾隆御笔所题诗文，这就是有名的"梅石碑"。此碑制作于乾隆三十二年（1767），距今已有约250年的历史，原放置于圆明园长春园中的茜园，燕大新建校园时搬入燕园。其庑殿顶的碑首和莲花须弥的碑座，均为后来配制，唯有石碑为乾隆旧物。

　　石碑上刻着的那峰奇石原名"芙蓉石"，后叫作"青莲朵"，本在江南杭州，是南宋临安德寿宫中旧物。当年在杭州时，此石旁还配植有一株古老的苔梅，梅石相映是德寿宫内有名的佳景。时光岁月流逝，高楼玉砌不再，而此石兀自独立，引无数才子佳人为其赋诗写真。明末清初，画家孙杕画梅、蓝瑛画石，集于一碑而立于奇石之旁。

　　清乾隆帝十六年（1751）南巡时，见到梅石碑残断扑地，梅已死而石犹在。乾隆误以为碑上石、梅均蓝瑛所作，遂感慨赋诗：

　　　　　傍峰不见旧梅英，

　　　　　石道无情迹怆情。

　　　　　此日荒凉德寿月，

　　　　　只余碑版照蓝瑛。

乾隆十七年（1752），芙蓉石运到北京并深受皇帝喜爱，被安置在圆明园长春园的茜园内，更名为"青莲朵"，成为当时"茜园八景"之一。乾隆三十年（1765），乾隆帝第四次南巡时，发现梅石碑乃孙杕（dì）、蓝瑛二人所成，遂又作诗文以纪其事，且让人依样重新制作一块梅石碑，并刻上他的诗文，送到杭州原旧碑处，使新碑邻旧碑。因为碑、石分离，乾隆在三十二年（1767）又让人重新摹制一块梅石碑，立在长春园茜园"青莲朵"旁，使碑、石相伴。今燕园之碑即此碑，碑上有乾隆诗文，上部其诗为：

梅石碑（2017 年）

春仲镌来梅石碑，模经冬孟始成之。
不宁十日一水就，惟以万几余暇为。
孙杕梅堪作石友，蓝瑛石亦肖梅姿。
为怜漫漶临新本，哽有人看漫漶时。

北大藏梅石碑拓片（引自《谁收藏了圆明园》）

已被保护起来的"青莲朵"（2015 年）

有人说，梅石碑印上了乾隆皇帝的江南梦痕。

圆明园毁废，后来相伴了一百多年的梅石碑和"青莲朵"再次分离：燕大新建校园时梅石碑被移置燕园北阁西侧，1927 年"青莲朵"被移置中山公园；2013 年，"青莲朵"又被移至北京丰台园博园中的中国园林博物馆收藏，其外形已与梅石碑上有异。

梅石碑碑身高 160 厘米，宽 103 厘米，原碑座、碑首已失，1986 年前后北大校方将梅石碑置于今处，并添置了碑首、碑座，并在碑前方放置新仿制的"青莲朵"石，石旁植以榆叶梅。但后来所仿的"青莲朵"石亦不知去处，如今在碑之西侧又立有一太湖石。乾隆送至杭州的那块梅石碑，已毁于 1964 年底，如今北大的这块梅石碑便成为海内孤刻，十分珍贵。

梅石碑西侧的梅、石景观（2002 年）

俄文楼

　　梅石碑的南面区域，包括俄文楼、北阁、南阁、静园六院和第二体育馆，这些建筑形成了燕园内的南北次轴线，属于燕京大学的女校所在范围，梅石碑所在未名湖南岸冈峦与未名湖，将之与男校所在德、才、均、备四斋隔开。可见燕大当时虽然是男、女校合并而成，但在校园区域的规划与设计上，还是有所区分。在燕大迁入燕园的初期，一年级男女生还是分班上课，分别有各自的教室、教堂、食堂等，男女还不能随意交往。不过到了后来，据燕大校友回忆，校内也举办男女舞会，男女社交已较公开，当时还传唱这样的民谣（吴荔明《燕园的孩子们爱燕京》）：

Romona 上课铃已打了半天

Romona 你怎么还不来上课?

我爱你，我要你，我一分钟也离不开你!

你不来 lecture，我一个字也听不进去!

Romona 我带你去"常三"吃饭

吃完饭我们溜达溜达在湖边

Romona 我真心爱你!

俄文楼（2018 年）

俄文楼与北阁、南阁成为又一组"品"字形建筑。俄文楼原名"圣哲楼"（Sage Hall），或简称 S 楼，由罗素·塞奇基金会（Russel Sage Foundation）捐资，兴建于 1924 年。此楼起初用作女校教学楼，二楼有礼拜堂，专供女生圣事服侍之用；1931 年改名"适楼"，今称俄文楼，为元培学院办公场所。俄文楼前的小场地，过去是北大周末的"英语角"，是同学们互相操练英语口语的地方。

北阁、南阁

俄文楼的西面，便是燕园内独具特色的北阁、南阁，建成于 1925 年，主要用作燕大女校的办公楼。北阁名"麦风阁"（Miner Hall），因麦美德女士（Miss Luella Miner）而命名，她是华北协和女子大学的校长。华北协和女子大学并入燕大后，她就成了第一任女部（女校）主任，负责女部事务。当时北阁设有音乐室，1936 年冰心曾在二楼开设"新文艺写作"课；还设有一个女生接待男生的会客室，据燕大校友回忆，该会客室三面都是玻璃窗，里面的沙发椅有着高

麦美德女士（1920 年）
（引自耶鲁大学图书馆网络档案）

南阁、北阁（2017 年）

高的靠背，每一对男女都可以互不影响在那里或轻谈或浅笑，卿卿我我，在阳光下抬头偶尔可以瞥见远处的西山。

南阁名"甘德阁"（Gamble Hall），因由甘伯夫人（MRs. David Gamble）捐款建造而得名，也是当时女校的办公楼，现在是北大国际合作部等外事部门的办公场所。

南北二阁造型一致，又俗称"姊妹阁"，均为重檐四角攒尖顶楼阁；二层四面，二阁对向及东向、西向三面开门，但西向门前无台阶。燕园内的亭、阁式建筑，往往设计在不同区域的衔接、转折处，给整个燕园建筑群带来了强烈的装饰效果。

南阁、北阁和俄文楼（1926年）（引自网络）

石香炉

　　南北阁之间的花坛内，有一长方形石雕香炉。香炉来源于中国古代的鼎，是用来烧香的器具，常见于寺庙和宫殿。香炉的材质多为金属、陶瓷、石，形制大都圆形三足，也有长方形四足的，一般都有两耳。

　　南北阁之间的这尊石香炉，双耳雕回纹，上口沿部分雕有花纹；炉身已有裂缝，上面雕有两条翼龙及仙花；炉足敦实，雕有云纹。其年代及来源不详。

南北阁之间的香炉（2017 年）

香炉纹饰近景（2002年）

李大钊铜像

　　俄文楼和南北二阁之间的花园草坪中有石、有树，为1979级同学在1983年修建。草坪正中，立着李大钊半身铜像，这是北大1977级和1978级同学在毕业前夕为母校捐资而建，于1982年10月落成。铜像由中央美术学院雕塑家傅天仇先生创作，由北京钢铁学院、首都钢铁公司协助铸成。基座上的"李大钊同志"为许德珩先生所书。

李大钊（1889—1927），字守常，1913 年曾留学于日本早稻田大学；1917 年应北大校长蔡元培聘请，曾任北大图书馆馆长、经济系、历史系教授。他在北大任教期间，参与了《新青年》的编辑工作，在北大研究、传播马克思主义，组织领导工人、学生运动，是中国共产党初创时期的重要领导人之一。他与苏俄及共产国际有密切联系，1927 年被军阀张作霖逮捕，以里通外国罪被处以绞刑，时年 38 岁。

李大钊铜像（2017 年）

静若处子

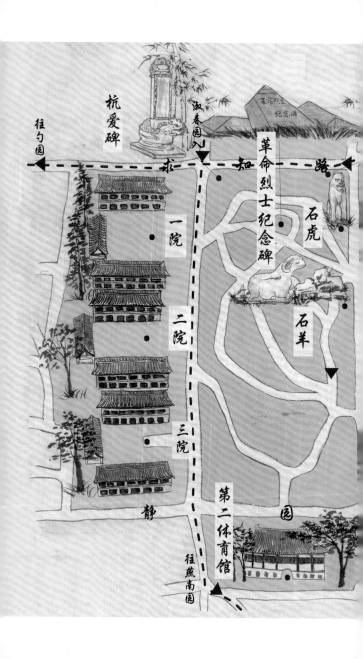

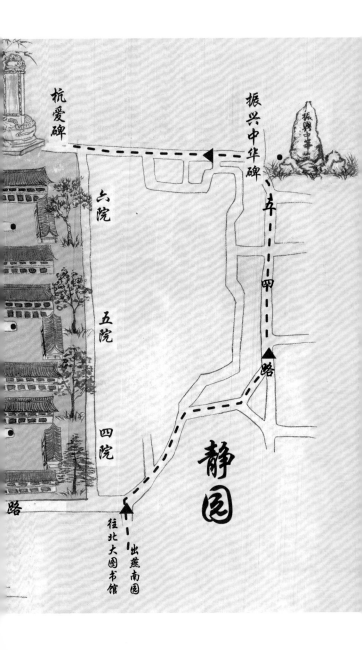

　　在俄文楼和南北二阁的南面，是著名的静园草坪。"文革"期间，这里原有的花木等曾被铲除改为果园。在我 1988 年入校时，这里仍是果园，里面种有梨树、苹果树，还设有柴扉不能随意进入，常有些许粪肥气味飘散出来。后来北大图书馆扩建，侵占了图书馆东面同学们常常用以聚会的大草坪，为了让同学们继续有一个草坪可以随便躺、自由地弹着吉他随便唱，校方遂将六院间的果园改为草坪，并将这一片区域命名为"静园"。如今，静园草坪已成为北大学生最喜欢、也最为看重的一块地方，从入学到毕业，几乎每一位北大人都曾经从这块草坪走过。

静园草坪及其东部的四院、五院（2006 年）

静园五院（2008 年）

静园六院

　　静园草坪东西两侧的庭院，便是当年燕大的女生宿舍，部分女教师也居住在这里。草坪最初很像个花园，其中有花木、藤萝架、假山，中有幽径，故有"男校有水，女校有山"的说法。这些女生居住的庭院，与未名湖北岸男生居住的德、才、均、备四斋，虽同为三合院"品"字形结构，但这里的院落前面都有虎皮院墙隔离因而是封闭的，每院只有一个院门出入，男宾不得入内。而在每年春夏的"宿舍开放日"（Open Day），男生、女生可以互相参观宿舍，此日男生方得进入这些院落。静园每个院落中的建筑以两厢房间最多，均为南北朝向，且在南面大开窗户，尽享阳光照耀，比男生四斋两厢东西向的宿舍更好。每院约住 60 位同学，一般二人一屋，个别大房间是三、四人一屋，每个院落都有一个小餐厅在二楼中部，按一下电钮，带有托盘的升降机就可以直接把地下室中厨房做好的饭菜送上来。

静园草坪东西两侧现在共有六院，其实最初的设计图中有八个院落，大概因为当时的女生并不多，燕大时期只建有一、二、三、四院，即今天的二、一、五、四院，三、六院分别是 1953 年、1955 年根据当初的设计图增建的。2005 年 4 月，中国台湾国民党主席连战来访北大，曾到其母赵兰坤女士当年就读燕大时所住的一院参观。

这六个庭院幽静典雅，设计得古香古色，虽从外部看起来差别不大，但进入之后就会发现它们各有特点，如建筑略有不同，庭院高低有异，植被树木也有所区别。

六院之中，二院、四院、五院曾是北大历史学系、哲学系、中文系的办公场所，是北大的文脉聚集之地，出入院门的，真可谓"谈笑有鸿儒，往来无白丁"。如今，人文社会科学研究院、燕京学堂等机构在此办公，亦可谓文运赓续。

燕大时期的静园二院（1948 年）（引自耶鲁大学图书馆网络档案）

西北角的杭爱碑（2017 年）　　　东北角的杭爱碑和石虎（2003 年）

杭爱碑及石像生

　　静园草坪北部的东北角、西北角，各有一座大石碑——杭爱碑，均建于康熙二十四年（1685）。杭爱是清朝康熙时的功臣，《清史稿》中有他简单的传记，姓章佳氏，满人，曾任陕西巡抚，康熙十九年（1680）任四川巡抚，在清兵平定吴三桂叛乱期间督运粮饷，功劳甚大，很受康熙重视。杭爱在康熙二十二年（1683）去世，谥"勤襄"，褒其勤于政事、辅佐朝廷。二十四年（1685）康熙为表彰他，下令为其建立丰碑，静园东北角、西北角此二碑，都为此年所建。两座石碑原在六院与俄文楼之间的土山上，

象征吉祥与财富的石羊（2017 年）

那里可能是杭爱的坟墓所在，燕大建筑俄文楼时，将二碑移至今处。

二碑均有碑文，用满、汉两种文字刻成。东北角的碑，正面是康熙皇帝敕令建碑的碑文，写道："嘉乃勋劳，宁靳天家之报；沛兹恩宠，益增泉壤之光。俾勒丰碑，以永休命。"西北角的碑，正面碑文是礼部侍郎敖哈、郎中稚虎受皇帝所谕对杭爱的祭文，背面碑文刻康熙十四年（1675）赐命杭爱为"资政大夫"的圣旨内容，"特颁恩命，以奖勤劳……特授尔资政大夫，锡之诰命"云云。

这两座石碑宏伟高大，碑身有两米多高，四周环绕雕饰，为众龙戏珠；碑首盘龙缠绕，中间天宫之处刻满、汉两种文字"敕建"；底座均为石雕鳌座，又称赑屃，昂首驮碑，相传它为龙之第六子，外形似龟，善于负重，故常用作石碑的底座。二碑虽历经三百多年，然其文字依然可辨，雕刻不失精美。

东北角碑和六院附近的草坪上还有两尊石像生，一虎一羊，它们可能就是杭爱墓前石像生的部分遗留。石像生是古代陵墓前安设的石人、石兽的统称，可以用来彰显墓主的身份等级地位，同时也有驱邪、镇墓的含义。这两尊石像生，猛虎蹲立，喻示守护墓主；肥羊卧踞，象征吉祥财富。

北京大学革命烈士纪念碑

静园草坪北部正中、松柏之旁，是 1993 年 5 月 4 日落成的北京大学革命烈士纪念碑，用来纪念从 1919 年五四运动到新民主主义革命取得全国性胜利期间牺牲的北大（包含西南联大、燕大）师生校友。其正面刻陈云题字"北京大学革命烈士纪念碑"，背面刻 83 位牺牲者的姓名、籍贯、生卒年月。正如北大校长马寅初所说，北大的师生在国家、民族危亡之际，为了国家和真理，有着不顾一己之私、勇敢向前、敢于牺牲的精神。这组多体纪念碑由中国雕塑艺术研究院的秦璞先生设计，形状像一个"心"字，一共由 5 块碑石组成，主碑高 4 米，意喻"五四"之魂。

纪念碑的周边还植有牡丹无数，春季花开，一片灿烂。

北京大学革命烈士纪念碑（2007 年）

振兴中华碑

　　静园的东面是北大 1952 年与燕大合并后新扩建的区域，建有图书馆、一教、生物楼、文史楼等。振兴中华碑就位于图书馆东北、一教旁边的草坪，它是北大 1980 级学生在 1984 年毕业时捐建的。碑的历史虽然不长，却体现了 1980 年代北大学生关心国家、心怀天下的精神风貌与情怀，是那个时代激情与精神的凝固。

振兴中华碑（2013 年）

1984 年 3 月 29 日，中国国家队男女排球队员来到北大。（引自《北大图史》）

　　20 世纪 80 年代初，这个国家史无前例的"文革"浩劫刚结束没几年，振兴国家与民族的壮志在北大学生胸中涌动。1981 年 3 月 20 日，在香港举行的排球世界杯预选赛中，中国男排与韩国男排进行对决，众多北大学生都围绕在电视机前，当中国队在连输两局的情况下反转局势，最终战胜对手时，整个校园都沸腾起来，许多同学走出宿舍在校园里挥舞旗子、高唱国歌、集会游行，宿舍楼里的同学则敲盆击碗呼号响应。那一夜，北大的同学们用自己的声音喊出了那个时代最振奋人心的愿望与心声："团结起来，振兴中华！" 1984 年 10 月 1 日，北大学生在天安门参加国庆游行时，又打出了"小平您好"的横幅。可以说，北大人始终走在时代的最前列，引领着时代。正如鲁迅所说："北大是常为新的，改进的运动的先锋，要使中国向着好的，往上的道路走。"这应当是北大从过去到现在一以贯之的精神。

1984 年国庆，北大学生在天安门前打出了"小平您好"的横幅。（引自网络）

第二体育馆

　　静园草坪的南面是第二体育馆，位于墨菲设计图中南北轴线的南端，它原是燕大的女生体育馆，又名鲍氏体育馆（Boyd Gymnasium），鲍氏夫妇（Mr. & Mrs. Boyd）在美国基督教团体中募来捐款，其中的 9 万美元用于 1933 年的修建工作，另用 1 万美元在燕大设立奖学金。鲍氏夫妇的女儿米兰从美国威尔斯利女子学院化学系毕业后，在燕大化学系任教，是燕大最早的女教授之一，米兰的女儿及外孙女谢海日后来都曾到中国做讲座、教书。

静园草坪南面的第二体育馆（2006 年）

燕大男生女生在二体内
练习法国宫廷舞（1948
年）（引自耶鲁大学图
书馆网络档案）

　　二体比一体略小，两侧没有耳楼，也是庑殿式屋顶，东西两侧门口处有白玉栏杆。二体地上为二层，地下后来建有主要供燕京学堂使用的会议场所。

谦谦君子，
在园之南。

花神庙碑

50号

66号

64号

65号

63号

燕南园

往北大图书馆方向

花神庙碑

51号

52号 · 60号

53号

54号

56号 55号

59号

62号 57号 58号

民主科学⑤雕塑

围墙内是燕南园（2018 年）

燕大历史系教授洪业住过的燕南园54号，他曾称之为"无善本书屋"（2019年）

　　二体南面的稍高之地，有一个虎皮墙围起来的幽静的园子，这就是赫赫有名的燕南园。它是燕大时期修建的教工住宅区，但里面的房屋却与今天大家习见的教工住宅不一样，全部都是独栋的"豪室"（House），或一层，或两层，或西式楼阁，或中式院落，如今这里被大家俗称为别墅区。以今天的眼光看，这里的房屋都颇显破旧，色彩暗淡，犹如尘封的传说。但山不在高，有仙则灵，北大的同学一进入此园，不自觉都会心生敬意、慢步轻声，仿佛怕惊动了里面的神仙。因为过去能住进这个园子的，基本都是大神级的学者。

　　燕南园其实并不大，园内原有从51号到66号16栋房屋，1949年后又加建了50号平房。这些房屋大都是西式建筑风格的独栋房屋，与燕园内其他中式建筑风格很不一样。这些房屋均有庭院、建筑精良、红松窗框、黄铜门把手，不少建材运自国外；

汤用彤先生曾住在燕南园 58 号（2007 年）

房屋内有壁炉，铺木地板，有冷热水分路供应的卫生间。

其中，曾任北大图书馆馆长的史学家向达曾住在 50 号；燕大历史系主任齐思和、数学家江泽涵先后住过 51 号；语言学家林焘住过 52 号；齐思和、生物学家沈同住过 53 号；史学家洪业住过 54 号，后来江隆基、陆平等也曾在此住过；经济学家陈岱孙住过 55 号，现在据说是诺贝尔物理奖得主李政道住所；北大校长周培源曾住在 56 号；冯友兰曾住在 57 号；汤用彤曾住在 58 号；物理学家褚圣麟曾住过 59 号；燕大教授夏仁德、语言学家王力住过 60 号，现为工学院办公用地；侯仁之先生曾住在 61 号；雷洁琼、林

北大校长马寅初住过的燕南园 63 号屋顶上的"石敢当"（2017 年）

庚先后住过 62 号；北大校长马寅初住过 63 号；曾任北大历史系主任的翦伯赞曾住过 64 号；法学家芮沐住过 65 号；冰心夫妇曾住在 66 号，后来朱光潜在此住过，现在是校内单位的办公用房。

发生在燕南园的故事很多。例如 54 号燕大历史学教授洪业的住宅，"每年五月藤萝花盛开时，洪业和邓之诚请了些能吟诗作赋的老先生来一起开藤萝花会，饮酒作诗，延续着中国读书人自古以来爱好的雅事"（陈毓贤《洪业传》），颇让人向往；而曾任北大副校长的历史系教授翦伯赞先生及其夫人，在"文革"期间双双于燕南园住宅中服安眠药自杀身亡，则令人悲痛。

周培源先生住过的燕南园 56 号（2017 年）

　　燕南园过去又俗称"南大地"，在燕园东部的燕东园则俗称"东大地"。燕东园内也有类似的 22 栋楼，是当初燕大教师们的宿舍楼，现在用作北大职工宿舍及办公场所。

冯友兰先生住过的燕南园 57 号，他称之为"三松堂"。（2007 年）

王力先生住过的燕南园 60 号（2017 年）

侯仁之先生住过的燕南园 61 号（2017 年）

冰心夫妇住过的燕南园 66 号（2018 年）

花神庙碑（2009 年）

花神庙碑

　　燕南园北面的入口，也就是 66 号和 51 号之间，立有两座大石碑，即所谓的"花神庙碑"，也有人称之为"莳花碑"，是圆明园总管祷求花神，于乾隆十年（1745）、十二年（1747）所立之碑。其中十年碑宽 88 厘米，通高 300 厘米左右，十二年碑略小。二碑来源，一说为燕大新建校园时从花神庙移至此处，一说即圆明园中的莳花碑，是归入燕园的圆明园遗物。

　　花神庙二碑与静园杭爱碑形制相似而制作较晚，但石质、雕刻、保存状况都比不上杭爱碑。二碑碑首雕有盘龙，中间天宫之

花神庙碑天官有"万古流芳"四字（西北角碑）（2018年）

处有"万古流芳"四字；碑身正反两面均有碑文，四周环绕饰以
花卉；底座均为石雕赑屃。二碑背面碑文为进献人名字，正面碑
文内容相似，是向司花诸神祈祷的内容，谓"天地间一草一木，
胥出神功"，希望所种养以供天子品赏的群花，"吐艳扬芬，四时
不绝"。

阳光下的三角地（2006 年）

三角地

　　燕南园的东面，与之一墙之隔的原为北大学三食堂和大饭厅（1954 年建成，又称大讲堂），二者均已拆除，1997 年此地新建了北大一百周年纪念讲堂。在燕南园的东南角，原有服务于北大师生的理发店、眼镜店、北新百货商店、新华书店等，现均已拆除，暂为草地。由原来的学三食堂、新华书店所在平房、16 楼围成的一小块三角地带，就是著名的三角地，可算作北大校园内的一处非物质文化遗产。

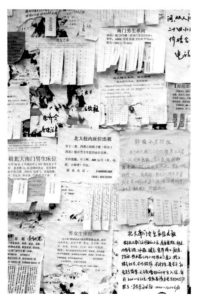

三角地张贴栏上的出租广告（2006 年）

三角地经过多次拆除，现已不复原貌。当初这里紧挨学三食堂的那面，以及中间的三角花坛周边，均树立有信息张贴栏。在网络 BBS 普及之前，这里贴满了大大小小各种信息的帖子，是北大师生信息发布、思想碰撞的集中地。虽然北大校园内别处也有一些广告栏，但都没有这儿的吸引力大，当初也算是全体北大师生共同维护的一个"公众号"了。由于这里有吃饭的学三食堂，又是学生从宿舍往返一教、二教、电教的必经之地，所以每逢下课和吃饭之时，总是人头攒动。众多同学端着饭盆围绕张贴栏，边吃边看，穿插着惊叹和笑声，还有人掏出笔来在上面留言。这里也是北大历次学生运动张贴大字报、小字报以及集会的地方，从"文革"到后来，北大学生在这里表达了他们对国家大事的关心，对重大时事的看法。20 世纪 90 年代末，大家的信息交流和发布逐渐转移到网络，三角地逐渐被冷落，张贴栏也开始被清一色的各种考研、考托、考 G 培训班的广告刷屏。

三角地（2017 年）

终于，2007 年的一天，这些张贴栏全部被拆除。

三角地旁边的 28 楼建成于 1955 年，"文革"期间曾是"井冈山兵团"组织的据点，现在也已被拆除，代以新建的 28 楼。28 楼东面有农园食堂，往东一带原为清皇室贝子载治之府，故名"治贝子园"。后为其子浦侗所有，浦侗别号"红豆馆主"，喜爱昆曲、京剧，他和张伯驹、少帅张学良、袁世凯次子袁寒云被称为"民国四公子"。此园后来历经破败、抵押被封，1928 年拍卖时被燕大购入，燕大将其改作农场，用作农学系的试验地，所以这一带又称为农园。1952 年北大迁入燕园以后，在这里开辟了"五四"运动场，修建了三教、农园食堂。1995 年在三教东侧重建有一座

治贝子园（2017 年）

小四合院，院门上悬挂"治贝子园"四字牌匾，为季羡林先生所题。门前有一老子塑像，这已经是第二尊了，第一尊因为放置较低，老子上指天、下指地的手指头总是被折断，所以便有了立在高台上的这第二个老子。这个院落内为中国哲学暨中国文化研究所。顺便批评一句，北大校内的老子像，不是伸指头就是吐舌头，虽然来自典故，但都仅有形而缺神。

拆除中的 32 楼和 28 楼（2015 年）

民主科学 DS 雕塑

1952 年中国大学院系调整时，燕大学生不到千人，而北大学生近万人，所以北大迁入燕园后，在燕南园的南面扩张建设，新建了学生和教工宿舍楼群，其中 1—15 斋建成于 1952 年，16—27 楼建于 1953—1954 年，28—31 楼建成于 1955 年，32、34—37、40 楼建成于 1956 年，38、39、41—44 楼建成于 1960 年，45—48 楼建成于 1985—1986 年。过去许多楼依燕大传统都称为"斋"，后来大部分改称"楼"。这些苏联风格的楼仅用了半个世纪，现在绝大部分已拆除再建。这些楼建得快拆得也快，"其兴也勃焉，其

民主科学 DS 雕塑（2007 年）

亡也忽焉”，但愿北大有长久之计，使今后建的宿舍楼能像燕大的宿舍楼一样成为经典。毕竟这些宿舍楼藏有一级又一级北大毕业生的青春记忆，拆毁犹如抹掉了他们的记忆。

其中 28—31 楼这四座楼中间的空地，有一尊不锈钢雕塑闪闪发光，它高 2.5 米，外形为变形的英文大写字母 D 和扭曲的 S 的组合，D 代表民主（Democracy，又称"德先生"），S 代表科学（Science，又称"赛先生"），可以说是"五四"精神的代表性符号，是北大精神的象征，也是 20 世纪 80 年代校园思想的一个缩影。S 上有一圆球，寓意民主、科学走向世界全球。此雕塑是 1982 级全

32 楼（2014 年，现已拆除新建）

体同学于 1986 年毕业时献给母校的礼物，1986 年 12 月安置竣工，由中央工艺美术学院的罗鸿、华庆设计，北京昌平东小口铸造厂罗影制造。

南门大道西侧的 22 楼，是 1950 年代以梁思成等为首的北大、燕大、清华三校
建筑设计委员会，用"三边"工作法（边设计、边备料、边施工）设计建成的
楼群中仅存的几栋楼之一（2017 年）

28 楼旁的北新百货商店（2006 年，现已拆除）

学一食堂门前的两棵古槐是清代军机处所在地的遗留（2006 年）

园墅辟燕郊，

嘉名锡以勺。

（明代汪元范咏勺园诗）

旗杆座

萬利普教授墓

国立西南联合大学纪念碑

往西门及鸣鹤园

颐

海晏堂水槽

和 西侧 们 园

勺海

路

路

缨云

三一八遇难烈士纪念碑

魏士毅女士纪念碑

塞万提斯像

智慧之树

勺园

静园方向入

勺园长廊（2011 年）

　　静园的西面、淑春园的西南，也就是从北大西校门入校后往南的一片区域为勺园。勺园是明朝万历四十至四十一年（1612—1613）米万钟所建的一座名园，因地处海淀，而海淀水泊众多，故取意"淀之水滥觞一勺"而名之"勺园"，也称"米园"，它应该是燕园内历史最悠久的一座园林。米万钟（1570—1631），字仲诏，是明朝万历二十三年（1595）进士，也是明末著名画家。米氏所建勺园虽不大，但以水取胜，曲折不俗，自谓"绕堤尽是苍烟护，傍舍都将碧水环"，其园之美，在记述北京周边名胜历史的《帝京景物略》《日下旧闻考》中均有记载。米万钟在万历四十五年（1617）曾将勺园风光亲笔描绘成近 3 米的长卷《勺园修禊（xì）图》，现存北京大学图书馆中。

　　到了清代，勺园其地归于皇室，康熙时在此建弘雅园，大概已非明代勺园旧貌了；乾隆五十八年（1793）时曾招待英国使臣马戛尔尼在此居住；嘉庆六年（1801）又把弘雅园改名集贤院；咸丰十年（1860）英法联军进逼北京，集贤院一度作为囚禁英法俘虏之地，随后与圆明园一同被焚毁。勺园旧貌全失。后来燕京大学在海淀新建校园，淑春园一带和勺园购归燕大，成为燕园中的一部分。

勺园（2017 年）

北大赛克勒博物馆馆院内巍巍的太湖石，据侯仁之先生推测是米万钟当年勺园勺海堂前石（2018 年）

　　燕大在勺园遗址上修建的建筑很少，1952 年北大迁入燕园，直到 1980 年代后才在勺园陆续建有当时主要供留学生居住的勺园大楼，以及接待参加会议和从事外事活动宾客的勺园宾馆，并在北面西侧临湖处建有亭廊，北头亭中悬挂着清朝末代皇帝溥仪之弟溥杰题写的"勺海"牌匾，南头亭中悬挂赵朴初题写的"缨云"牌匾，中间连接两亭的是曲折的彩绘长廊。"勺海""缨云"之名，来源于过去勺园的著名景观"勺海堂""缨云桥"。

塞万提斯像（2017 年）

塞万提斯像

在勺园大楼北面草坪的树林中，立有塞万提斯青铜全身像，它是 1986 年西班牙马德里市和北京市结为姊妹城市时，马德里市政当局赠送给北京市的礼物，北京市政府将之安放在北大校园此处。据说雕像特意复制自马德里市西班牙广场的塞万提斯石像，但当笔者对比自己 2007 年在西班牙广场拍摄的塞万提斯石像照片时，发现二者并不太一样：马德里市的石像为坐像，左手也无剑可抚；相同的是右手都拿着书稿。

西班牙马德里广场上的塞万提斯像和他　　"智慧之树"（2017 年）
小说中的唐吉诃德及桑丘像（2007 年）

　　在雕像西南一路之隔的草坪，植有一棵"智慧之树"，是
1982 年 4 月北京大学纪念塞万提斯逝世 366 周年时，由西班牙
驻华大使等 10 个西班牙语国家驻华使节一起种植，名为"智慧
之树——塞万提斯之树"。

　　塞万提斯（Miguel de Cervantes Saavedra，1547—1616）是
西班牙著名作家，著有小说《堂吉诃德》。北大的塞万提斯铜像
高 235 厘米，身着西班牙披风，右手持书卷，左手抚剑柄——
可惜腰挎的宝剑剑身已经被人折断丢失。20 世纪 80 年代，在
塞万提斯像旁边的草坪上，北大学生们热烈讨论理想与现实，
一如塞万提斯书中的乌托邦骑士。

　　在塞万提斯像旁有两座小桥，征名于 2006 年。从东边被命

名为"思卿桥"的小桥过去，新修的北大校史馆背面是"三一八"遇难烈士纪念碑；从西边被命名为"忆君桥"的小桥过去，经过校史馆的前面，便到了化学南楼，其西侧草坪上立有复刻的国立西南联合大学纪念碑。

"三一八"遇难烈士纪念碑

校史馆后的小山脚下，立有两座纪念碑，是为纪念在 1926 年"三一八"惨案中遇难的四位北大、燕大学生。其中燕大学生魏士毅的纪念碑立于 1927 年 3 月，北大三位学生黄克仁、张仲超、李家珍的纪念碑于 1929 年 5 月 30 日立于北大旧址三院，1982 年 3 月 18 日迁至此处。

1926 年 3 月 18 日，北大、燕大、清华、师大等高校学生和北京总工会等团体五千多人举行国民大会，在天安门前集会抗议，反对日、英、美、法、意等八国提出的要求中方军队撤除大沽口国防设施的无理要求，后游行至段祺瑞执政府门前向国务院请愿时与卫队发生冲突，卫兵开枪屠杀，47 人死亡。燕大学生魏士毅、北大学生黄克仁、张仲超、李家珍，清华学生韦杰三，师大学生刘和珍、杨德群等遇难牺牲，鲁迅先生愤而撰有《记念刘和珍君》以示悼念。

"三一八"遇难烈士纪念碑（2002 年）

　　"魏士毅女士纪念碑"是燕京大学学生会在"三一八"惨案一周年纪念日时所立，是一座方锥形汉白玉碑。碑身正面镌刻"魏士毅女士纪念碑"八字，碑座四周雕有精美的三角图案，雕饰鲜花，碑下有三层基座，刻有魏士毅女士纪念碑铭，文末铭曰"民心向背关兴亡，愿后死者长毋忘"。

　　另三位北大烈士的纪念碑也是方锥形，碑座高 3 尺，碑腰高 1 尺，碑身高 8 尺，喻示"三一八"惨案。纪念碑四面分别用篆书刻写："三一八遇难烈士黄君克仁／李君家珍／张君仲超纪念碑"和"中华民国十有八年五月卅日立石"。与此相对应的碑座四面分别刻有这三位烈士的生平简介，以及北大教授黄右昌撰写的铭文，铭曰："死者烈士之身，不死者烈士之神。愤八国之通牒兮，竟杀身以成仁。唯烈士之碧血兮，共北大而长新。"

国立西南联合大学纪念碑

　　西南联合大学纪念碑位于化学南楼西侧草坪，为北大 1989 年"五四"校庆之日复刻立于此处。原碑于 1946 年立于西南联大（旧址在今云南师范大学）。此碑由当时文学院院长冯友兰撰文、中文系教授闻一多篆额、中文系主任罗庸书丹，亦堪称"三绝碑"。碑文目透古今、立意高远、振人精神，是记录西南联大始末及其风貌的重要历史文献。西南联大毕业生何炳棣先生称此文为"20 世纪中国的第一篇大文章"。碑文说可纪念者有四：一为联大的使命与抗战相连；二为三校如兄弟一体团结谐和；三为联大兼容并包、学术自由、作风民主；四为虽始南渡，然终北归，收复故地。碑后是"国立西南联合大学抗战以来从军学生题名"，刻录了 834 位联大参军抗战同学的名字，由唐兰教授篆额，刘晋年教授书丹。

　　西南联合大学是抗战爆发后，由北京大学、清华大学、南开大学三校南迁后最终于 1938 年 4 月在云南昆明联合组建，1945 年日本投降后，三校北归返回故地，西南联大才停办，存在 8 年多。当年为纪念这段可歌可泣的历程，校方决定勒石立碑，"以此石，象坚节，纪嘉庆，告来哲"。西南联大可谓当时的学术重镇、民主堡垒、人才摇篮。在办学期间，教师人才济济，如文学院里中文系有朱自清、胡适、闻一多、唐兰等，历史系有陈寅恪、傅

国立西南联合大学纪念碑（2003 年）

斯年、钱穆、向达等，哲学心理学系有汤用彤、冯友兰、金岳霖、贺麟等；理学院则有江泽涵、华罗庚、周培源等。在艰苦的条件下这里培养出不少优秀的学生，其中后来被评为两院院士和外籍院士的有 90 人，杨振宁、李政道二人还获得了诺贝尔奖。

2007 年，清华大学、南开大学也各自在其校园内复制立有西南联大纪念碑。

葛利普教授墓碑（2011 年）

葛利普教授墓碑

在国立西南联合大学纪念碑的北侧，立有葛利普教授墓碑。葛利普（Amadeus William Grabau，1870—1946）是美国地质学家，哈佛大学博士毕业，曾任教于麻省理工学院，后为哥伦比亚大学教授。他 1920 年来华，任北大地质系古生物学教授，1934 年任北京大学地质系主任，在中国从事地质研究和教学工作 26 年，被誉为"中国地质学之父"。

北大教授葛利普与学生在一起（引自《北大图史》）

　　北大毕业生罗家伦 1928 年出任由教会学校转为国立大学的清华大学首任校长，得知葛利普教授在北大的薪水被拖欠得一塌糊涂，虽然他早把原在美国的生活水准降到和中国教授一样，但是半年以上的欠薪使他生活极度困难，因此欲以月薪 600 元聘请他到清华地理系担任教授。但葛利普教授最终只答应到清华兼课，却拒绝了每月 600 元的专任教授全薪，理由是北京大学虽然若干月不付薪水给他，但他也不能因为北大经济困难就丢下北大去清华做专任教授。后经再三解说，他仅接受了部分车马费用。

　　葛利普教授热爱中国，绝不与侵略日军合作，1941 年 72 岁的他被日军关押，1945 年日本投降后才恢复自由。他于 1946 年 3 月 20 日在北京逝世，北大教授会遵照其遗愿，将他的骨灰葬于北大在沙滩北街的地质馆前，1982 年 7 月移墓于燕园此处。葛利普教授一生的为人行事，体现了一名教授的尊严与气节。

　　墓碑西侧，立有一块玲珑剔透的太湖石，与葛利普教授的地质学家身份也很相配。

旗杆座（2019 年）

旗杆座

　　离葛利普教授墓碑不远，在化学北楼西南的草坪上，有一六边形石制旗杆座，为北大 1952 年在沙滩红楼时的全体毕业生所献。据北大中文系乐黛云教授回忆汤用彤先生的文章，1952 年北大的毕业典礼，在当年"五四"游行的出发地——民主广场举行，她曾作为学生代表，将旗杆座模型送到了时任北大校务委员会主席的汤用彤先生手中，并在这一年嫁给了汤用彤先生长子汤一介先生，成了汤家的"极左媳妇"。据她回忆，当年全体毕业生作出一个决定：离校后每人从第一次得到的工资中拿出五毛，为学校

海晏堂水槽（2017 年）

迁入燕园新址建一个旗杆座，希望北大迁入燕园后，学校的第一面五星红旗升起在这旗杆座上。如今半个多世纪过去了，旗杆早已不在，只剩下旗杆座还留在这里。

海晏堂水槽

　　进入北大西门，在顺着校园西墙往南通往勺园的路上，有两件水槽石构件放置在道路两侧，它们原是圆明园海晏堂西面喷水池的水槽。从 20 世纪 30 年代初美国人毕士博拍摄的海晏堂照片中仍能看见它们，被归入燕园应在此之后。

　　海晏堂为圆明园中最大的一处欧式园林景观，建于乾隆

圆明园海晏堂遗址（2005 年）

二十四年（1759）。其正楼朝西，门的左右两边对称修建有石阶和
扶梯式的流水叠落石槽，流水分级下泻，形成折叠瀑布，落入下
部一个大型喷水池中。喷水池正中有一个高约 2 米的蛤蜊形石雕，
其左右呈"八"字形排列着由意大利人郎世宁设计的著名十二生
肖人身兽头铜像，昼夜十二个时辰依次轮流喷水，在正午之时则

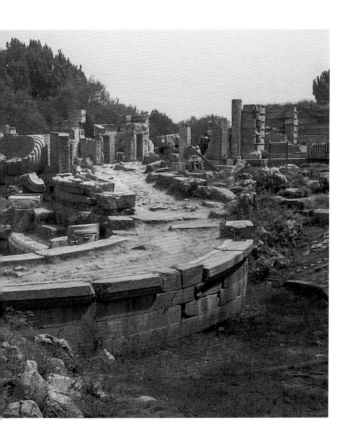

同时喷水，蔚为壮观。

　　二水槽旁边的西墙下原有涵洞，为娄斗桥下河水流入燕园内的遗迹。1959 年，北大在西门内开凿了水源丰沛的自流井，流入校内的水道涵洞遂被填塞。

鹤去园存怅逝波，
翼然亭畔访烟萝。

（清代奕谟咏鸣鹤园诗）

乾隆半月诗碑

荷花池

石龙头

石鱼头

鸣鹤园刻石

西门方向入

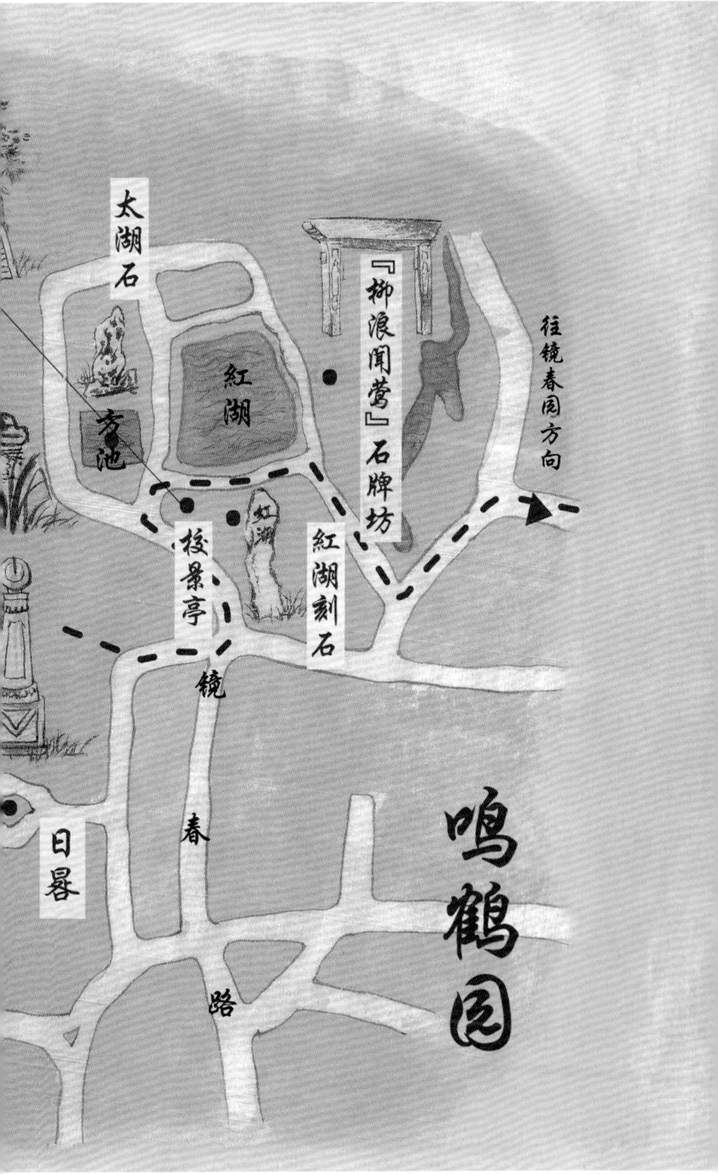

太湖石

紅湖

方池

『柳浪聞鶯』石牌坊

往鏡春園方向

校景亭

紅湖刻石

虹湖

鏡

春

路

日晷

鳴鶴園

鸣鹤园一景（2002 年）

　　北大西门的南边是勺园，正东是淑春园，北边则是鸣鹤园。鸣鹤园曾是京西的一座名园，本为淑春园的北部，乾隆四十七年（1782）被划归春熙院。嘉庆七年（1802），春熙院东部的一小部分被赐给嘉庆第四女庄静公主，即镜春园；西部较大部分后来被赐给嘉庆第五子惠亲王绵愉，即鸣鹤园；春熙院北部是后来的朗润园。当时的鸣鹤园，包括了今天校内鸣鹤园和人文学苑之东镜春园的部分；当时的镜春园，即今人文学苑所在一带。

　　鸣鹤园呈东西长条状，其内多水有岛，东西水域西有福岛而东有禄岛，园内山林起伏、湖泊相连，被誉为"京西五大邸园"之一。咸丰十年（1860）英法联军火烧圆明园，鸣鹤园也遭到破坏，园内建筑大多残毁。后来光绪时奕谟有诗这样写道："鹤去园存怅逝波，翼然亭畔访烟萝。百年池馆繁华尽，匝径松阴雀噪多。"民国时鸣鹤园归陕西督军陈树藩，后被燕大购入，成为新建校园的一部分。

　　今之鸣鹤园已非原来面目，1992 年在赛克勒基金会的资助下北大对鸣鹤园进行了修复，并在外文楼之北建了赛克勒考古与艺

鸣鹤园一景（2017 年）

术博物馆，馆内藏品 2 万余件。赛克勒博士（Dr. Arthur Mitchell
Sackler，1913—1987）是美国著名的艺术品收藏家，收藏有大量
的中国青铜器、玉器、瓷器、家具、佛像等艺术品，1986 年曾为
博物馆奠基。其实早在 1926 年，燕大校长司徒雷登就曾设想在燕

园建一座博物馆，这所 1992 年建成的中国大学中的第一所考古博物馆，或许能圆了司徒校长的梦。博物馆西南池边的雅亭旁有一巨石，上面镌刻着"鸣鹤园"三字，由著名书法家启功先生题写，为赛克勒基金会捐资修复时所立。

日晷："俯以察于地理"（2017 年）

日 晷

　　日晷位于赛克勒考古与艺术博物馆和外文楼之间的中心花坛内，原在老北大城内旧址二院（理学院）广场中央的荷花池，应是清代和嘉公主府遗物，1980 年代后期被移入北大燕园，1992 年放置于此，并修复了损坏的晷盘与晷针。日晷是根据日影的长短和移动变化而制作的古老计时工具，《尚书》中的《尧典》篇追述说，尧之时就已派人观测、推算日月星辰，定时计日。

　　北大这座日晷为汉白玉制成，高近 3 米，由大底座、碑身和

日晷："仰以观于天文"（2017 年）

日晷组成。大底座为四面雕饰有云气等的正方体，碑身为须弥座式，但四面的束腰被拉长加高，从下往上收束，北面、南面分别刻"仰以观于天文""俯以察于地理"，西面、东面分别刻"近取诸身""远取诸物"，这些文字内容都出自《周易》中的《系辞》篇。最上的日晷由方形底座、圆形晷盘和金属指针组成，指针已有所锈蚀。

　　日晷坐南朝北，面向博物馆大门，是中国古代经典的赤道式日晷，又称斜晷，特点是晷盘倾斜放置，与赤道面平行，中央垂直贯穿于晷盘的指针分别指向北极、南极。晷盘两面均有刻度，被等分为十二，即十二时，分别标为子、丑、寅、卯、辰、巳、午、未、申、酉、戌、亥，朝北一面顺时针排列，朝南一面逆时针排列。十二时之内又各等分为二，即二十四小时。晷盘南北两面分别用于不同季节做观察：春分以后太阳北移，观时于北面；秋分以后太阳南移，观时于南面。

十二时中，子时为凌晨 24 点前后两个小时，午时为中午 12 点前后两个小时，卯时为早上 6 点前后两个小时，酉时为下午 6 点前后两个小时。但是，北大日晷的晷盘竟然是个罕见的"错版"——晷盘北面十二时所标，本应子丑寅卯顺时针排列，却错与南面一样逆时针排列，以致春夏之时时日颠倒，莫非天意暗示北大学子要以夜当日勤奋学习？

石龙头及石鱼头

赛克勒考古与艺术博物馆西侧有一正方形的"赛克勒雕塑园"，其中新塑有"智圣"东方朔像。再往西的草坪上，有河北北大校友会 2008 年 11 月为庆祝母校 110 周年而捐赠落成的汉白玉雕校景柱。不过此二者现在算是两个景观，还不能视为文物，将来是不是，尚未可知。但离此往北不远，有一石砌小山，相当于一道闸门扼在荷花池通往南面的水道处，石龙头及石鱼头就嵌于其上。它们体积虽然不大，却是真文物。

石龙头（2017 年）

石鱼头（2017 年）

　　龙头向南，为汉白玉雕成，当初靠抽水机能向南喷水，可流
至西门方池中。由于荷花池地势较低，后来又水源不足，如今已
不再抽水，龙头也就成了摆设。龙头背面的石中所嵌，我最初以
为是怪兽，后经琢磨认为乃石鱼——它鼓眼卷须，面向湖水，状
欲飞跃入湖。这一龙一鱼，来源已不可考。荷花池北岸旧有龙王亭，
我怀疑龙、鱼与之相关，可能是鸣鹤园中旧物。

乾隆半月诗碑（2017 年）

乾隆半月诗碑

　　乾隆半月诗碑位于鸣鹤园西北部围墙旁，原在圆明园长春园"海岳开襟"中。"海岳开襟"建于乾隆十二年（1747），有汉白玉栏杆围成的赏月高台，这尊汉白玉诗碑可能就伫立在台上。后因八国联军破坏，"海岳开襟"及诗碑都遭厄运。不知何时诗碑流入燕园，"文革"期间又遭破坏，留下刀痕累累。现在断残碑体经粘接修复，置于一尺寸较大而显非原配的须弥座上，上面文字已残缺9字。

　　此碑碑头为云纹石雕，但形状组合颇为难看，乾隆皇帝的审美多受诟病，看来不是没有道理。碑身有乾隆御书之诗：

> 台形规半月，白玉以为栏。
>
> 即是广寒界，雅宜秋夕看。
>
> 会当银魄满，不碍碧虚宽。
>
> 太白镜湖匀，常思欲和难。

丙戌新秋御题

可见此诗为乾隆于三十一年（1766）初秋时咏月所作，诗中多处提及月亮，称之为半月诗碑的确合适。

校景亭

　　蔚秀园主人奕𧮰有诗："鹤去园存怅逝波，翼然亭畔访烟萝。"诗中所说"翼然亭"，就是今赛克勒考古与艺术博物馆东北小山上的"校景亭"。此亭历史悠久，可能乾隆时就已存在。附近鸣鹤园中建筑多在英法联军劫毁圆明园时被损毁，翼然亭大概是鸣鹤园内唯一被较好保存下来的文物。

　　此亭建在高台之上，今从南北皆可拾级而上。其形制为重檐四角方亭，是昔日鸣鹤园中最大的一座亭子，四周树木掩映，却也遮不住它的雄伟秀丽。1926 年燕大建起新校园，后鸣鹤

校景亭（2006 年）

归入燕园，校方对它进行修整，在亭内彩绘燕园校景 12 幅，遂称之为校景亭。1984 年北大又对它做过修整。此亭内顶绘 36 幅展翅飞翔的仙鹤，似乎喻示它和鸣鹤园的某种联系；四面绘有 12 幅燕园校景，按顺时针方向，西面是备斋与湖心岛亭、办公楼、化学北楼，北面是外文楼、南阁北阁、西校门，东面是第一体育馆、校景亭、博雅塔，南面是荷花池、钟亭、校友桥。亭内外还有包袱彩绘 12 幅，以及其他各种花鸟山水彩绘图案，令人叹为观止。

校景亭中的"校景亭"
（2017 年）

方池池壁的石雕兽首
（2017 年）

校景亭带给人们的不止如此。"文革"时期，现赛克勒考古与艺术博物馆所在一带是关押北大教授的"牛棚"，季羡林、朱光潜等先生都曾被关押于此。据北大接待的第一批美国访问学者之一的舒衡哲（Vera Schwarcz）教授所著《鹤鸣园》记载，当时有北大教授不堪忍受屈辱折磨的"牛棚"生活，但看到了窗外的翼然亭，痛苦的心灵便得到慰藉，从而获得生存下去的勇气。

亭西有石砌方池，原名金鱼池，池中有大小太湖石，东西池壁中央各嵌有一个石雕兽首；亭北为红湖，名称颇具革命色彩；亭南登山小径上有一石书"红湖"二字，立于 1958 年。方池、红湖均基于鸣鹤园旧有堆砌而成，也算有历史的自然景观。它们旁边是 2005 年建成的三座考古文博学院的办公楼，一座在红湖北岸，另两座 A、B 楼在红湖、方池旁边。

方池及池中的太湖石（2017 年）

红湖和考古文博学院楼群（2017 年）

"柳浪闻莺"石牌坊遗存（2017年）

"柳浪闻莺"石牌坊遗存

　　2012年北大修缮朗润园时，与"断桥残雪"石牌坊同时出土的，还有另一石牌坊"柳浪闻莺"的两根立柱，现在被放置在鸣鹤园红湖东南岸边。"柳浪闻莺"是"西湖十景"中之第五，位于杭州清波门外的西湖东南岸，以柳丝如浪和黄莺啼鸣著称，其地有柳浪桥。清乾隆皇帝曾六下江南，十分喜爱杭州西湖。他在乾隆十六年（1751）第一次南下游"柳浪闻莺"时，就曾写诗咏之：

清木刻版画"柳浪闻莺"（引自《圆明园史迹图考》）

那论清波及涌金，

春来树树绿阴深。

间关几啭供清听，

还似年时步上林。

乾隆二十八年（1763）圆明园扩建之时，以福海比西湖，遂将"西湖十景"全部复制过来。《日下旧闻考》载："水木明瑟之北，稍西为文渊阁，上下各六楹，阁西为柳浪闻莺。"

"柳浪闻莺"石牌坊的坊楣，1977年在北大朗润园岛西北角的平房下边被发现，但其时并未发现立柱，当年10月北大把坊楣捐赠给圆明园，现存于圆明园西洋楼景区海晏堂遗址北侧。坊楣

"柳浪闻莺"石牌坊遗存（2017 年）

正面有乾隆二十八年（1763）所书"柳浪闻莺"四字，背面亦刻有乾隆御制《柳浪闻莺》诗：

> 十景西湖名早传，御园柳浪亦称游。
>
> 栗留几啭无端听，讶似清波门那边。

现经修复矗立于红湖东南岸边的"柳浪闻莺"石牌坊，二立柱前后均有对联，东面为"能言春鸟呼名字，罨画云林自往迴"，西面为"几缕画情遮过客，一行烟意□新题"（残一字"入"）。二立柱上面的坊楣为仿制品，期待有一天圆明园能将坊楣回赠北大，再成完璧，成就一段佳话。

百年池馆繁华尽，
匝径松阴雀噪多。
（清代奕譞诗）

清代石狮

往朗润园方向

人文学苑

朗润路

镜

七十八号

七十五号

镜春园石桥

镜春园

镜春园 79 号怀宁园（2016 年）

　　鸣鹤园往东，紧挨着它的是如今的镜春园。最早的镜春园比较小，在今天人文学苑所在一带。现在北大校园里的镜春园，包含了淑春园北边的一部分，这一部分本是紧邻镜春园之西的鸣鹤园的一部分。镜春园水域，现仅存人文学苑旁边西面小湖，湖边是通往朗润园的一条大道。小湖之西，原本是鸣鹤园的一部分，

镜春园一景（2017 年）

现在划为镜春园。

　　镜春园中的文物与古迹，主要是其中的庭院建筑，但现在基本都已经重建、翻新，大部分竣工于 2011 年。园南有一条东西向道路，是北边镜春园与南边淑春园的分界线，道路北边的院落、建筑 81、82 甲乙丙、82 号，以及全斋，均为"北京国际数学研究中心"。南边离此很近的未名湖畔人来人往、十分热闹，但这条道路却很安静，旁边是数学研究中心，数学家们在这里心无旁骛，醉心于纯粹的数学研究。

　　全斋本为未名湖边德、才、均、备、体、健、全"七斋"之一，紧邻未名湖北岸，与健斋仅一路之隔，是一个封闭型的四合院，原残破多年，现得以重建。其北门有一幅嵌用数学术语的对联："天道几何万品流形先自守；变分无限孤心测度有同伦。"此可谓数学研究中心的精神写照。

　　全斋的背面也即北面是"怀新园"，标示为镜春园 78 号院，

全斋（2017 年）

禄岛上雕有莲瓣的石桌（2017 年）

亦为数学研究中心所有；其西是"怀宁园"，为镜春园 79 号，陈岱孙先生曾在此居住；再西 79 甲以及其旁原为鸣鹤园禄岛之上的小院，为"北京大学建筑学研究中心"所在，其中禄岛上的建筑，由建筑学中心的师生利用拆迁的成府村四合院旧有材料和构件重建而成。

在包围禄岛的水域东北、靠近校园围墙地带有一院落，现在标示为镜春园 83 号，是北大和香港理工大学合作的"中国社会工作研究中心"，这儿已紧邻朗润园，走过一个石桥便可到朗润园岛上。

"怀新园"当得名于鸣鹤园旧时的怀新书屋，其东是镜春

小桥对面是镜春园 75 号：北大教育基金会（2017 年）

镜春园 75 号：垂花门前有一对清代大石狮（2018 年）

75 号，原来曾为中文系文学史专家王瑶教授的居所，现在经过重修成为北大教育基金会所在地。我刚入北大时，感到这里是最令人痴迷、最引发人想象的一处地方，每次来到人烟稀少的此处，都让人错觉到了荒郊野林，仿佛进入了《聊斋志异》故事中。我现在常常会从工作的人文学苑经过这里去食堂吃饭，但重修后的院落再也没有当初那迷人的气氛了。

　　现在的镜春园东部，也就是镜春园原本所在之地，是中文系、历史系、哲学系等机构所在的人文学苑楼群，2011 年建成，建筑规模宏大，应已远超过去的镜春园了。人文学苑和教育基金会之间的这条南北向道路，应该就是原来的镜春园和鸣鹤园的分界线。这条路从一体延伸过来，一直往北便到了燕园最北部的朗润园，这里有一座小石桥，通往朗润园岛。

人文学苑（2017 年）

蒋家胡同四合院旧貌（1933 年）（引自耶鲁大学图书馆网络档案）

蒋家胡同四合院

镜春园和一体操场的东部，原来是有不少居民和老旧胡同的成府村，过去有围墙将成府村一带和北大校园分隔开来，校外有一条大道直通圆明园南门。成府村的胡同里曾有著名的"万圣书园"和"雕刻时光"咖啡音影店。如今成府村一带已被拆除，地归北大，建有博雅酒店、北大医院及外国语学院、经济学院、政府管理学院、法学院等楼群。

在高楼林立之间，还保留下来的是蒋家胡同中连在一起的两个四合院落，但已经重建。2014 年此处被定为北京市海淀区文物保护单位，现在是法学院校友会所在地。

蒋家胡同的院落，是清同治时曾承包圆明园和颐和园部分工程的安联魁所建，民国时安氏子孙将院落卖给附近清华大学的蒋姓教授，故称蒋家胡同。明清史专家邓之诚、历史学家顾颉刚等人都曾在过去的蒋家胡同居住过。

蒋家胡同四合院门枕石（2017 年）

蒋家胡同四合院（2017 年）

现被包围在大楼之间的蒋家胡同四合院（2017 年）

蒋家胡同四合院北面附近，
成府园雕塑（2017 年）

温润如玉，
在园之北。

致福軒

朗潤湖

往鳴鶴園及西門

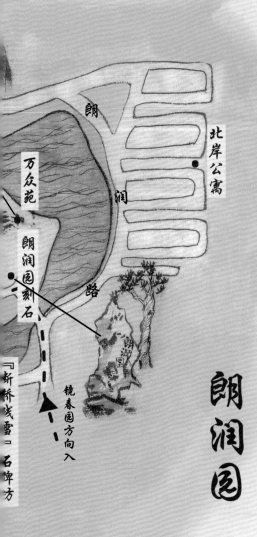

朗

北岸公寓

润

万众苑

路

朗润园刻石

朗润园

『新桥戈雪』石碑方

镜春园方向入

朗润园

朗润园岛南石桥（2017 年）

朗润园位于鸣鹤园、镜春园之北，万泉河之南，与北面的圆明园仅一河之隔，最早是春熙院的一部分，后来称"春和园"，是清乾隆第十七子永璘在嘉庆二十五年（1820）获赐之园，因永璘封为庆亲王，此园又俗称庆王园。咸丰元年（1851），春和园被赐给恭亲王奕䜣（1833—1898），始名"朗润园"。次年咸丰皇帝亲

朗润园（2018 年）

恭亲王奕䜣（引自网络）

临为之题写"朗润园"额匾悬于园门，奕䜣亦以别号"朗润园主人"自居。奕䜣在城内还有府第恭王府，原为和珅府第，亦为咸丰帝所赐。奕䜣为道光帝第六子，咸丰帝同父异母弟，北大西门外蔚秀园主人奕谖之兄，为清末咸丰、同治、光绪三朝重臣，曾兴办洋务，参与王朝内政，亦主管外交。

光绪二十四年（1898）奕䜣去世后，朗润园收归内务府，曾用作内阁、军机处会议之所，宣统年间又赐给奕谖之子、光绪皇帝异母弟贝勒载涛。1920年，燕京大学租借载涛朗润园，后朗润园并入北大燕园。

今天的朗润园，湖岸等基本保持清代面貌，主要包括朗润湖围起来的一个小岛及湖之周边。小岛原挤满建筑，今多已不存，原有四座小桥与岛连接，如今有东南、南面、西面三座石桥与岛相连。园内的主要建筑有中国古代史研究中心、国家发展研究院以及斯坦福中心。走过东南石桥，便能看到岛中小土山上季羡林

朗润湖和北岸的公寓住宅楼（2017 年）

先生题写"朗润园"三字的石头。

　　北大迁入燕园后，为解决住房困难，于 1957—1960 年期间，在朗润湖东岸一带修建了 8—13 号公寓 6 栋住宅楼，不少名教授曾在此居住过，在 20 世纪，"八九十年代的朗润园，被称为'北大的中南海'，曾经是'谈笑有鸿儒，往来无白丁'"（邓小南《朗润学史丛稿》）。朗润湖北岸曾建有一个被称为"北招"的招待所，2008 年改建为科维理天文与天体物理研究所楼。

　　岛上建筑自 1995 年起曾进行过几次全面修缮和改造增建，其中，国家发展研究院（原中国经济研究中心）是最大的建筑群，由 6 个院落组成。其正门及主体建筑致福轩坐北朝南，位于南北轴线上；后来建设的万众苑坐东朝西，在这条东西轴线上还贯穿有 3 个院落。各个院落皆以漂亮的回廊相连，颇令人流连。

　　岛东小丘原有四方亭名"涵碧亭"，三字为恭亲王奕䜣所书，现在此处之亭为后来所建。

朗润岛上的国家发展研究院（2017年）

"断桥残雪"石牌坊（2017 年）

"断桥残雪"石牌坊

2012 年北大修缮朗润园时，从地下出土发现了"断桥残雪"和"柳浪闻莺"两座原圆明园仿"西湖十景"的石牌坊遗存。北大对保存较为完整的"断桥残雪"石牌坊进行了妥善修复后，放置在南边通往朗润园的石桥南端。"断桥残雪"是杭州西湖一处著名景点，其含义，一说白堤上有一座石拱桥，雪后拱桥阳坡积雪先化，远望时长长白堤仿佛至此而断，故名；一说夜晚树影遮断虹桥，月光透过树荫洒落在地疑似残雪，故有"断桥残雪"意境。明人张岱在《西湖梦寻》中说："高柳荫长堤，疏疏漏残月。蹩躄步松沙，恍疑是踏雪。"

"断桥残雪"石牌坊建于乾隆二十八年（1763），《日下旧闻考》有载。牌坊不知何时流落埋没于朗润园，有

清木刻版画"断桥残雪"（引自《圆明园史迹图考》）

人以为是载涛获赐该园之时，但已不可考。阳面坊楣匾额有"断桥残雪"四字，为乾隆御书，匾额左侧刻着荷花，右侧刻着菊花；阴面是乾隆御制《断桥残雪》诗一首：

在昔桥头密雪铺，举头见额忆西湖。

春巡几度曾来往，乃识西湖此不殊。

癸未孟冬月

癸未孟冬月即乾隆二十八年（1763）十月。御制诗两侧分别是牡丹和梅花的石刻。坊柱前后各有一副对联，阳面对联："杨柳似含烟幂羃；楼台仍积玉嵯峨。"阴面对联："连村画景张横幅；著树梅花丛野桥。"（其中"桥"字已残缺）对联上部石刻如意图样的挂钩，仿佛将对联挂在上面，立体感十足。

蔚秀名标荷宠深，
欣欣草木被春霖。
（清代奕譞咏蔚秀园诗）

泉

河

『紫琳浸月』石

雲根

『云根』石

亭

园

路

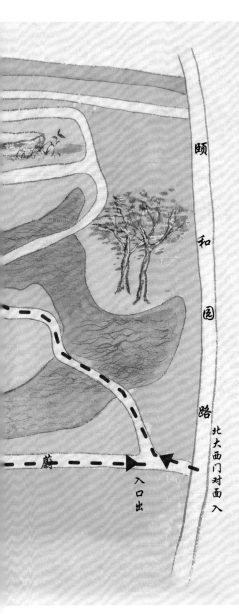

颐和园路

北大西门对面入

蔚

入口出

蔚秀园

草寿园一景（2017 年）

　　在燕园周边，有一些过去也曾是园林，后来被作为燕大或北大教职员工及学生宿舍或附属中小学的区域，如蔚秀园、畅春园、承泽园、燕东园等。

　　与北大西门一街之隔，在西门对面的是蔚秀园。蔚秀园也是清代皇家园林之一，北为圆明园，西邻万泉河，南接畅春园。蔚

蔚秀园南湖及岛（2018 年）

醇亲王奕譞（引自网络）

秀园最早名"彩霞园"，可以追溯到康熙时期，道光十六年（1836）被赐给皇室定亲王载铨，又名"含芳园"。载铨去世后，因清代赐园均无继承权，此园收归内务府。咸丰八年（1858）皇帝赐园给兄弟醇亲王奕譞（1840—1891），赐名曰"蔚秀园"，又亲自题写三字，奕譞从此成为蔚秀园主人。奕譞是道光帝第七子，咸丰帝异母弟，慈禧太后的妹夫，"朗润园主人"恭亲王奕䜣的弟弟，光绪皇帝的生父，末代皇帝宣统帝溥仪的祖父。

　　英法联军焚毁圆明园时，蔚秀园也遭到破坏，后稍有修葺。奕譞于光绪十六年（1890）年末去世，蔚秀园又收归内务府，后来很晚才被赐给他的儿子载沣（1883—1951），载沣是溥仪之父。1931 年 12 月燕大购得此园，北大迁入燕园后，在 20 世纪 70 年代填平北部水域，先后在园中建造了 15 栋教工住宅楼，后来又建有幼儿园。园中有大小湖泊相连，较大的南湖干涸多年后现又注水成湖。旧时园内正房就在南湖岛上，现略存遗迹。

"紫琳浸月"石

　　现在蔚秀园住宅楼群中间有一块草坪，一长条石弃置于此，上面有奕𧭁所书"紫琳浸月"四字。该石原立于东部湖岸，下原有须弥碑座，2006年被盗，现只剩此石流落于此，与枯草、蚂蚁和树荫做伴。

　　在东南小土山上有一方亭，亦算此园内可思古之处。

"紫琳浸月"石（2017年）

"云根"石

"云根"石立在蔚秀园南湖北侧分叉路口的小山脚，上面有醇亲王奕譞所书"云根"二字。奕譞字朴庵，号九思堂主人，同治时封为亲王，光绪登基后，被加封亲王世袭罔替。曾总理海军衙门。

"云根"石上还题有满文"醇亲王"和日期"丙子仲春二日"，这一天为光绪二年（1876）旧历二月二日。据奕譞《九思堂诗稿续编》记载，他这天赴蔚秀园，途中还作诗一首：

> 纤尘不起趁吟鞍，二月郊原霁色寒。
>
> 烟树半遮村远近，溪冰犹冱雪迷漫。
>
> 垄头麦短关心切，峰外云孤放眼宽。
>
> 车马周行争捷足，安知曲径有旁观。

当天奕譞歇宿于蔚秀园中，在《九思堂诗稿续编》中也有诗为证。这一天他一共写了三首诗，不知是否因为往西郊途中有感"峰外云孤放眼宽"，因而又书"云根"于石。就在前一年也即 1875 年，他的儿子载湉刚被立为皇帝（光绪帝），惶恐的他赶紧向掌权的太后哀恳辞官，太后同意随即朝廷罢免了他的一切职

奕谟手书"云根石"（2019 年）

务。次年，在这样一个寒意尚存的春天，他来到了偏僻西郊的蔚
秀园，留下了"云根"的题字。

四时皆春，
六气通达。

北大西门方向

颐

和

园

恩佑寺山门

恩慕寺山门

华

路

路

北　　路

畅春园

畅春园恩佑寺仙人脊兽（2017 年）

畅春园内教工住宅楼（2003 年）

畅春园在蔚秀园南侧，是清康熙帝在明代清华园的旧址上所建。清华园又称李园，是明万历帝外祖父李伟后代在万历后期所建。畅春园建成于康熙二十六年（1687），因为康熙帝在高墙深宫的皇宫里住得"渐以滋疾"，所以在此建园颐养。康熙帝常在畅春园听政，其寝宫"澹宁居"即位于园内，后来亦病逝于此园。康熙名之为"畅春园"，大概是寓意四时皆春，八风来朝，六气通达。畅春园成为北京西郊第一所清代皇帝的皇家御园，规模很大，是所谓"三山五园"中"五园"之一。由于康熙经常在畅春园听政，王公官员们也纷纷在周边购地建园，没有园子的也要租赁一座，以便随时听令于皇帝。

可惜这座西郊最重要的园林，如今原貌已荡然无存。1860 年英法联军火烧圆明园，畅春园也同归于尽。畅春园现存的遗物，有未名湖畔钟亭下方乾隆诗碑，此碑大概在 20 世纪 20 年代或 30 年代从畅春园移至未名湖畔。

最初的畅春园很大，除了今天西北部如今归于北大的部分，还包括今天的畅春园公园、芙蓉里小区、万泉河中学、海淀体育馆、畅春园美食街等地。西北部属于北大的畅春园部分，东与勺园故址隔墙相望，紧临残存的恩佑寺和恩慕寺两个庙门遗迹。现在园内有北大教工、研究生宿舍楼以及北达资源中学。

恩佑寺和恩慕寺山门

恩佑寺是康熙帝去世后，其子雍正帝在元年（1723）为供奉康熙遗像而建。此时的畅春园也改作皇太后的住所，雍正帝搬到了旁边康熙赐予的今圆明园中，并经常居住于此听政。后来康熙帝遗像被移至圆明园安佑宫，恩佑寺便成为了供奉三世佛的寺庙。据雍和宫相关资料记载，恩佑寺是一座藏传佛教寺庙，属于整个京城的皇家喇嘛庙系统，每月初一和十五，皇家调配雍和宫的喇

恩佑寺和恩慕寺山门（2002 年）

嘛来念经，这种状况大概一直延续到嘉庆年间，后来退化为一般的小寺院，但是一直归内务府管理。咸丰九年以后不见记录，推测可能是因为已被英法联军所毁。寺门上"敬建恩佑寺"为雍正帝所书。

　　位于恩佑寺之南的恩慕寺，是乾隆帝四十二年（1777）为去世的母亲孝圣皇太后所建，正殿中供奉药师佛，寺门上"敬建恩慕寺"为乾隆所书。

　　与畅春园相关的古迹，除了前文提到的乾隆诗碑，就只剩下恩佑寺和恩慕寺两个庙门了，它们在 1984 年被列为海淀区文物保护单位。

僻远承泽，在园之侧。

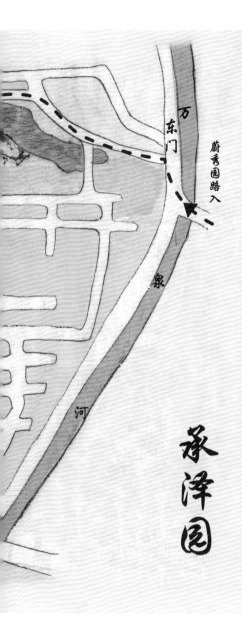

万

东门

蔚秀园路入

泉

河

承泽园

承泽园旧屋脊兽（2007 年）

在现在的畅春园之西、蔚秀园西南，是北大承泽园，1999 年被确定为海淀区重点文物保护单位。承泽园与畅春园、蔚秀园之间是由南向北流的万泉河。承泽园约始建于雍正三年（1725），道

承泽园北部旧屋（2007 年）

承泽园西北（2007 年）

光二十五年（1845）被赐给道光帝第六女寿恩固伦公主，光绪
二十年（1894）又赐给庆亲王奕劻（1838—1917），民国时归收藏
家张伯驹（1898—1982）——曾担任燕大艺术史导师，1953 年张
伯驹将其售与北大。之后，校方在园中南部建起多栋三层教工宿

舍楼，当时北部尚有旧貌可寻；其西北部在 1998 年整治重修，现为北大科学与社会研究中心办公地，湖边立有侯仁之先生题写的"承泽园"石碑。现在北部正在为国家发展研究院教研之用而大拆大建，面貌已变化较大。

BROTHERHOOD
AND
HARMONY

淑春园湖心岛上埋没在竹丛中的石雕柱础（2017 年）

犹记当年景物新，
亭前花鸟趁芳春。

（清代奕譞诗）

其他文物
与文物保护

　　以上介绍了北大燕园及其周边诸园的文物、古迹及历史，即便我在燕园学习、工作已近 30 年，也不能保证没有缺漏。实际上，随着岁月的流逝，一些文物正在逐渐衰老以至趋于消亡，而另一些文物也许将来会从地下冒出来，还有一些文物，或因残损、碎小而散落不为人知，或因仍在日常使用而被人熟视无睹……它们都等着我们来慢慢体味、发现，重拾一片旧日时光。

在静园和德、才、均、备四斋道路上有燕大标志"燕"字的原燕大管道井盖，至今仍在使用中。如果它们是建校时制作，那么至今已使用近百年了，我将它们称为"燕字 1 号文物"。（2017 年）

鸣鹤园内原圆明园方外观西式平桥石雕件遗存（2017 年）

鸣鹤园内赛克勒考古与艺术博物馆旁散落的石雕件（2017 年）

鸣鹤园内赛克勒考古与艺术博物馆旁散落的石雕件（2017 年）

鸣鹤园内赛克勒考古与艺术博物馆侧门台阶两旁的上马石（2017 年）

镜春园建筑学研究中心院内散落的石雕（2017 年）

朗润园中散落的石雕建筑残件（2017 年）

淑春园俄文楼旁散落在松树脚下的"护松"石碑（2017 年）

淑春园外文楼旁建筑石构件（2017 年）

淑春园内砌在临湖轩台阶石两边的石雕件（2017 年）

静园草坪上的石雕件（2017 年）

承泽园石桥和上马石（2007 年）

承泽园北部房屋墙角弃置的瓦当和雕件（2007 年）

近些年来，大量游人涌入北大校园参观游览，暑期及节假日的燕园更是人满为患，给校园环境带来了较大压力。一些游人随意刻画，使部分文物有所损害，于是校方给一些文物加上了铁栏杆予以保护。北大校园对外免费开放能让更多的人走进燕园来了解北大，但如何较好地维护校园环境与秩序，让燕园的文物、古迹免遭盗窃、破坏，也是应该考虑的问题。此外，校方自身在校园的拆除、扩建中，也应有长远眼光，充分考虑到对相关文物、古迹的保护，对历史多一份尊重。

未名湖畔钟亭铜钟内的涂画（2017 年）

半月诗碑上的损毁和涂写（2017年）

参考文献

1. 苏勇、樊竞:《燕园史话》，北京：工人出版社，1985 年。

2. 谢凝高、陈青慧、何绿萍:《燕园景观》，北京：北京大学出版社，1988 年。

3. 张恩荫:《圆明园变迁史探微》，北京：北京体育学院出版社，1993 年。

4. 季羡林:《牛棚杂忆》，北京：中共中央党校出版社，1998 年。

5. 《燕京精神：燕京大学建校八十周年特辑 1919—1999》，1999 年。

6. 燕京大学校友校史编写委员会:《燕京大学史稿》，北京：人民中国出版社，1999 年。

7. 王威:《圆明园》，北京：北京美术摄影出版社，2000 年。

8. 肖东发、李云、沈弘:《风物：燕园景观与人文底蕴》，北京：北京图书馆出版社，2003 年。

9. 汪荣祖:《追寻失落的圆明园》，南京：江苏教育出版社，2005 年。

10. 侯仁之:《燕园史话》，北京：北京大学出版社，2008 年。

11. 唐克扬:《从废园到燕园》，北京：三联书店，2009 年。

12. 舒衡哲:《鸣鹤园》，北京：北京大学出版社，2009 年。

13. 北京大学校史馆:《北京大学图史 1898—2008》，北京：北京大学出版社，2010 年。

14. 郝平:《无奈的结局——司徒雷登与中国》(第二版),北京:北京大学出版社,2011年。

15. 焦雄:《圆明园史迹图考》,北京:学苑出版社,2011年。

16. 方拥:《藏山蕴海——北大建筑与园林》(第二版),北京:北京大学出版社,2013年。

17. 周其凤主编:《燕园建筑》,北京:北京大学出版社,2013年。

18. 陈远:《燕京大学1919—1952》,杭州:浙江人民出版社,2013年。

19. 刘阳:《谁收藏了圆明园》,北京:金城出版社,2013年。

20. 沈建中:《司徒雷登画传》,杭州:浙江大学出版社,2013年。

21. 燕大文史资料编委会:《燕大文史资料》(1—10辑),北京:北京大学出版社,1988—1997年。

22. 北京大学校史馆:《北京大学校史馆展览导读》。

23. 司徒雷登:《在华五十年》,陈丽颖译,上海:东方出版中心,2012年。